LEE Y COMPARTE

Biblia

Para:

_____

De:

_____

Fecha:

_____

Den gracias al Señor por todas las maravillas que hace;
proclámenlo a todas las naciones.
Cántenle, sí, cántenle alabanzas;
y hablen a todos de sus milagros.
¡Siéntanse orgullosos de su santo nombre;
adoradores de Dios, alégrense!
Busquen al Señor y su fortaleza;
sigan siempre buscándolo.
Recuerden las maravillas que él ha hecho,
los milagros y los juicios que de él hemos recibido...
él jamás olvida sus promesas.

SALMO 105:1–5, 8 Nueva Biblia al Día

LEE Y COMPARTE®

Biblia

Más de 200 historias bíblicas favoritas

Historias narradas
por Gwen Ellis

Ilustrada por
Steve Smallman

GRUPO NELSON
Una división de Thomas Nelson Publishers
Desde 1798

© 2010 por Grupo Nelson® Publicado en Nashville, Tennessee, Estados Unidos de América.
Grupo Nelson es una subsidiaria que pertenece completamente a Thomas Nelson.
Grupo Nelson es una marca registrada de Thomas Nelson. www.gruponelson.com

Título en inglés: *Read and Share*™ *Bible*
© 2007 por Thomas Nelson
Publicado por Thomas Nelson en asociación con Lion Hudson plc.

Historias narradas por Gwen Ellis
Ilustrada por Steve Smallman

Editora General: *Graciela Lelli*

Traducción: *Ammi Publishers International*
Adaptación del diseño al español: *Grupo Nivel Uno, Inc.*

ISBN: 978-1-6025-5409-2

Impreso en Vietnam
Printed in Vietnam

Edición mundial co-producida por Lion Hudson plc, Mayfield House,
256 Banbury Road, Oxford OX2 7DH, England.
Teléfono: +44 (0) 1865 302750; Fax: +44 (0) 1865 302757;
Email: coed@lionhudson.com. www.lionhudson.com

23 RRDA 10

Mfr.: RRDA / Hanoi, Vietnam / September 2023 / PPO #12222036

Para Paige

Queridos Padres

Lo que ahora tienen en sus manos no es simplemente un libro; es una manera única de compartir la Palabra de Dios con los niños en su vida, una manera de ayudarles a conocer el amor, la bondad y la fidelidad de Dios hacia nosotros... y de compartir esas buenas noticias con otros.

En el apresurado mundo de hoy, no es fácil conseguir tiempos especiales juntos en familia. Sin embargo, es mi esperanza que las 208 historias pequeñas de este libro le permitan aprovechar al máximo esos importantes momentos juntos.

Mientras seleccionaba las historias para la *Biblia lee y comparte*, decidí incluir no solamente historias bíblicas muy conocidas, sino también aquellas que rara vez aparecen en libros de historias bíblicas. Ellas también son importantes para comprender el amor de Dios. Las historias además están en orden cronológico para mostrar a los niños cómo toda la Biblia encaja. Basadas en la Nueva Biblia al Día, cada historia tiene una referencia bíblica para que le sea más fácil a usted leer más acerca de la historia en la Biblia. (Revise los consejos prácticos en la página siguiente sobre maneras más provechosas de utilizar este libro).

Dios le bendiga a usted y a los niños relacionados con usted, mientras le conocen mejor a través de las páginas de este libro.

Bendiciones,
Gwen Ellis

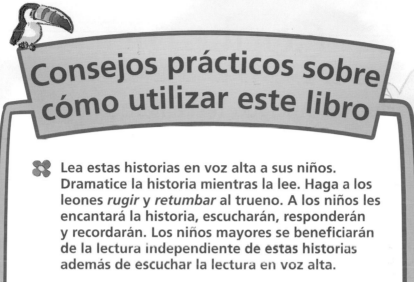

Consejos prácticos sobre cómo utilizar este libro

❀ Lea estas historias en voz alta a sus niños. Dramatice la historia mientras la lee. Haga a los leones *rugir* y *retumbar* al trueno. A los niños les encantará la historia, escucharán, responderán y recordarán. Los niños mayores se beneficiarán de la lectura independiente de estas historias además de escuchar la lectura en voz alta.

❀ Cuando termine la historia, discuta las preguntas, pensamientos y la información extra en los recuadros al final de las historias. Este intercambio y discusión provocará que este libro de historias bíblicas sea único y ayudará al niño a centrarse en el significado real de las historias. No desaproveche este importante elemento.

❀ Utilice el libro como herramienta de ayuda para refrescar su memoria sobre historias favoritas. Incluso podría escuchar alguna que antes no escuchó. De cualquier modo, acójalo como una experiencia instructiva tanto para usted como para su niño.

❀ Emplee las historias de la *Biblia lee y comparte* como parte del estudio bíblico familiar, en las clases de escuela dominical, para la hora de dormir o cualquier otro momento especial de lectura con niños.

Contenido

Historias del Nuevo Testamento

Antiguo Testamento

El primer Día

Génesis 1:1–5

En el principio Dios hizo el cielo y la tierra. Al comienzo la tierra estaba vacía y oscura, pero Dios formó la luz y la llamó *día*.

Luego Dios separó la oscuridad y la llamó *noche*. Dios cuidaba de todo.

¿Qué crees que hizo Dios después?

El segundo Día

Génesis 1:6–8

En el día dos Dios dividió el aire del agua. Él puso un poco de agua por encima del aire y otro por debajo. Dios llamó al aire *cielo*.

4

Al siguiente día Dios hizo algo que a muchos niños les gusta, especialmente en el verano. ¿Adivina qué es?

El tercer día

Génesis 1:9–13

En el tercer día Dios estuvo ocupado.
Él hizo océanos, lagos, cascadas y ríos.
También hizo la tierra seca.

6

Luego hizo las plantas. Él hizo tantos tipos de árboles, flores y arbustos diferentes que nadie los puede contar todos. Dios dijo que su trabajo era bueno.

¡Tremendo! Dios hizo tantas cosas ese día. Sin embargo, ¿puedes adivinar qué falta?

El cuarto día

Génesis 1:14–19

En el cuarto día Dios puso el sol en el cielo para calentar la tierra. Entonces vio que la noche estaba muy oscura, así que puso la luna y las estrellas en el cielo.

Después Dios hizo la primavera, el verano, el otoño y el invierno. Todo lo que Él hizo era bueno.

Luego Dios hizo cositas graciosas, blanditas, que revolotean. Veamos cuáles fueron.

El quinto día

Génesis 1:20–23

El quinto día Dios hizo estrellas de mar, pulpos, ballenas y tortugas. Hizo peces pequeños y rápidos para los ríos, así como peces grandes y escurridizos para los océanos.

Dios hizo grandes aves como las águilas para elevarse en el cielo y pajaritos vigorosos como el colibrí. Dios hizo aves de todas las formas, tamaños y colores.

¿Cuál pájaro te parece que es el más bonito?
¿Cuál el más fuerte?

El sexto día

Génesis 1:24–31

Al sexto día Dios hizo los animales: perritos, vacas, caballos, gatitos, osos, lagartos, ratones, gusanos y muchos más. Todo era bueno.

No obstante, algo faltaba todavía. No había personas. Así que Dios hizo una. Cuando la hizo, la hizo parecida a Él mismo. La hizo de manera que pudiera ser su amigo.

¿Dónde crees que vivió la primera persona?

Adán y Eva

Génesis 2:1-5, 15-22; 3:20

Dios nombró al primer hombre Adán y lo puso en un huerto hermoso. Le dio todos los animales. Le dio todos los peces y también las aves.

Entonces Dios le dio algo más a Adán.
Dios hizo una mujer para que fuera la
esposa de Adán. El hombre nombró a su
esposa Eva. El séptimo día Dios descansó
de todo su trabajo.

**Oh, oh, algo malo estaba a punto
de suceder en la tierra.**

La serpiente engañosa

Génesis 2:16–17; 3:1–6

Dios les dio a Adán y a Eva una regla:
«Coman cualquier cosa que quieran
excepto la fruta del árbol que está en
medio del huerto».

Una serpiente vieja y engañosa vino a Eva y le dijo: «Cómelo, así lo sabrás todo igual que Dios». Entonces Eva comió la fruta, le dio a Adán y él también comió.

17

Cuando desobedecemos a Dios, eso se llama *pecado*.
Siempre hay consecuencias cuando desobedecemos.

Fuera del Huerto

Génesis 3:8–24

Una tarde Dios vino a visitar a Adán y a Eva pero ellos estaban escondidos. Cuando Dios los encontró les preguntó: «¿Qué han hecho?» Adán le contó todo. Dios se entristeció.

Por haber desobedecido a Dios, Adán
y Eva tuvieron que salir del hermoso
huerto. En cuanto estuvieron fuera del
huerto, Adán y Eva tuvieron que trabajar
muy duro para cultivar alimentos.

**Cuando desobedecemos, Dios se entristece
mucho y nuestros padres también.**

Noé

Muchos años más tarde en la tierra había cantidad de personas, pero la mayoría de ellas eran malas. Un hombre, llamado Noé, era bueno. Él obedecía a Dios. «Quiero que construyas un barco», le dijo Dios a Noé.

Noé comenzó en seguida. La gente
se reía de él pues ellos vivían en un
desierto y no había agua para su barco.
Pero Noé continuó construyendo el
barco.

¿Crees que es fácil obedecer cuando todos
se están riendo de ti?

El gran barco

Génesis 7:1–15

Cuando estuvo listo el barco, Dios dijo a Noé y a su familia que entraran al barco. Entraron sus hijos Sem, Cam y Jafet. Y también las esposas de ellos y la de Noé.

«Ahora trae dos de cada especie animal», le dijo Dios a Noé. Noé hizo exactamente lo que Dios le dijo que hiciera y Dios lo protegió.

23

Algo muy mojado estaba a punto de suceder afuera.

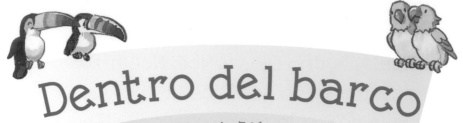

Dentro del barco

Génesis 7:16–24

Cuando el último animal subió dentro del barco, Dios cerró la puerta. *¡Plip! ¡Plop! ¡Plip!* Comenzó a llover. Llovió tanto, que el agua estaba sobre las praderas. Llovió tanto, que el agua cubrió los pueblos. Llovió tanto, que hasta cubrió las montañas.

Pero dentro del barco, todos estaban a salvo.

¿Cuántos días crees que llovió?

La paloma

Génesis 7:12; 8:1-19

Después de 40 días y 40 noches, la lluvia
paró. No obstante, no era tiempo aún
para bajar del barco. Había agua por
todas partes. Un día Noé dejó salir a una
paloma pequeña para ver qué pasaba en
la tierra.

La paloma trajo de vuelta una hoja verde. ¡Hurra! ¡Las plantas estaban creciendo de nuevo! ¡Ya casi era el momento de salir!

¿Qué piensas que hicieron todos cuando Noé abrió la puerta del barco?

El arco iris

Génesis 8:18–22; 9:1–17

Cuando cada uno estuvo fuera del barco,
Noé construyó un altar. Él dio gracias a
Dios por mantenerlos a salvo. ¡Entonces
ocurrió algo maravilloso!

28

Dios puso un arco iris hermoso en el cielo y le hizo a Noé una promesa. Dios dijo: «Nunca más habrá un diluvio como este sobre toda la tierra». Cuando Dios hace una promesa, la cumple.

Todas las promesas de Dios están en la Biblia. ¿No es maravilloso pensar en todo lo que nos ha prometido?

Babel

Génesis 11:1–9

Muchos años más tarde en la tierra había cantidad de personas. Todas hablaban el mismo idioma. Algunas personas que vivían en la ciudad de Babel se volvieron demasiado orgullosas. Ellas dijeron: «Vamos a construir una torre que llegue hasta el cielo. Seremos famosos».

Dios provocó que ellas hablaran diferentes idiomas, de manera que no pudieran hablar unas con otras. Al no entenderse entre ellas, dejaron de construir la torre.

¿Tienes amigos que hablan otro idioma?
¿Eres paciente con ellos?

Abram

Génesis 12:1–3; 15:5; 22:17

Dios eligió a Abram para ser el padre de una familia muy importante. En un día futuro, Jesús vendría de esa familia.

Dios le dijo a Abram: «Yo te haré famoso. Tus hijos y nietos serán tantos como las estrellas. Serán tantos como los granos de arena en la playa. Tú no podrás contarlos».

¡Tremendo! Esa es una promesa maravillosa.
¿Cómo crees que se sintió Abram?

La tierra prometida

Génesis 12:1–9

Dios le dijo a Abram que se mudara a
un lugar nuevo. Abram no tenía mapas.
Dios le dijo: «Yo te mostraré a dónde ir».
Abram salió caminando. Llevó con él a su
mujer, su sobrino y a sus sirvientes.

Cuando Abram y su familia llegaron a una tierra llamada Canaán, Dios le dijo: «Este es tu nuevo hogar. Lo entrego a ti y a todo aquel que alguna vez sea parte de tu familia».

Si tus padres te dijeran: «Nos iremos de viaje pero no podemos decirte a dónde». ¿Confiarías en que ellos te llevan a un lugar bueno?

Los visitantes de Abraham

Génesis 17:1–8; 18:1–8

Cuando Abram tenía 99 años, Dios le cambió el nombre por Abraham. Su nuevo nombre mostraba que él pertenecía a Dios. Poco tiempo después, tres hombres vinieron a la tienda de Abraham y él los invitó a almorzar.

«¡Rápido! Hornea un poco de pan», le dijo Abraham a su esposa. Mientras tanto Abraham se apresuró a cocinar algo de carne. Cuando la comida estuvo lista, Abraham la trajo a sus visitantes. Los hombres se sentaron a comer.

Abraham no lo sabía, pero sus visitantes venían del cielo.

Sara se ríe

Génesis 18:9–16

Cuando uno de los visitantes terminó de comer, preguntó: «¿Dónde está Sara tu esposa?» «Ella está allá en la tienda», respondió Abraham. «El próximo año Sara tendrá un bebé», dijo el visitante.

Sara lo escuchó y se rió. Ella no podía creerlo. Pensó: *Soy muy anciana para tener un bebé y Abraham también es muy anciano.*

¿Qué tal si tu bisabuela tuviera un bebé? Sara tenía esa edad. Veamos cómo Dios mantiene su promesa.

El bebé Isaac

Génesis 21:1-7

Aproximadamente al año, Sara tuvo
un varoncito, tal como Dios lo había
prometido. Abraham llamó al bebé Isaac.
El nombre Isaac significa «risa».

Sara estaba muy feliz con su bebé. Ella dijo: «Dios me ha hecho reír. Todos los que sepan de esto reirán conmigo».

Dios puede hacer cualquier cosa, pero a veces toma tiempo ver la respuesta. ¿Qué te gustaría pedirle a Dios que hiciera por ti?

41

Una esposa para Isaac

Génesis 24:1–14

Muchos años más tarde, Isaac se hizo adulto. Entonces Abraham le dijo a su sirviente: «Ve a la tierra de donde yo vine y busca una esposa para mi hijo».

El sirviente cargó camellos con todo tipo de regalos preciosos. Después de llegar a la tierra lejana, no estaba seguro de cómo encontrar una esposa para Isaac. En un lugar donde las jóvenes venían a cargar agua, él oró: «Permite que la joven apropiada me dé agua».

¿Cuántas jarras de agua crees que podían beber esos camellos?

Agua para los camellos

Génesis 24:15–20

Antes de que el sirviente terminara de orar, una hermosa joven vino a cargar agua. El sirviente le preguntó: «¿Me darías un poco de agua por favor?»

«Sí», dijo ella. «Yo daré agua a tus camellos también». Fue un trabajo fuerte. Los camellos sedientos pueden beber mucha agua. Ella iba de acá para allá sirviendo agua para todos los camellos.

¿Crees que el hombre notó cuán amable era la joven?

Rebeca

Génesis 24:21–61

El sirviente supo que aquella mujer sería
la esposa de Isaac. Su nombre era Rebeca.
El sirviente llevó regalos a la familia de
Rebeca y preguntó si Rebeca podía casarse
con Isaac.

Su padre dijo que sí y Rebeca también estuvo de acuerdo en casarse. Así que ella se fue de regreso con el sirviente para conocer a Isaac.

El sirviente necesitó que Dios le ayudara a encontrar la mujer apropiada. ¿Qué haces tú cuando necesitas la ayuda de Dios?

Isaac y Rebeca

Génesis 24:62-67

Los camellos se bamboleaban y tropezaban a lo largo de todo el camino hasta Canaán donde Isaac vivía. Una tarde justo antes de la puesta de sol, los camellos se detuvieron.

Un hombre joven caminaba por el campo.
Él miró y vio los camellos. Su novia había
llegado. Isaac amó a Rebeca. Él se casó
con ella.

¿Crees que Rebeca estaba emocionada por ser
elegida como esposa para Isaac? ¿Cómo crees que
se sintió ella al irse hasta un lugar tan lejano?

Los mellizos

Génesis 25:21–26

Durante muchos años Rebeca no pudo tener hijos. Así que Isaac oró al Señor por este problema. Dios escuchó a Isaac y envió dos bebés, mellizos. Cuando nacieron los mellizos, uno era todo rojizo y velludo. Isaac y Rebeca lo llamaron Esaú.

El otro mellizo tenía una piel lisa. Ellos lo llamaron Jacob. Algún día cuando fueran adultos estos niños serían los líderes de dos familias grandes.

**Dios tiene las respuestas a todas nuestras oraciones.
¿Sobre qué te gustaría orar?**

El pillo Jacob

Génesis 25:27–34

Los niños crecieron y un día Esaú regresó de cazar. Jacob estaba cocinando. «Tengo hambre. Dame un poco de ese caldo», dijo Esaú.

Jacob era un pillo. Él le dijo: «Dame tus derechos como hijo mayor y yo te daré del caldo». Esaú aceptó: «Está bien. Si muero de hambre, mis derechos no me van a ayudar».

Esaú tomó una mala decisión. Ora y pídele a Dios que te ayude a tomar decisiones buenas.

El tonto Esaú

Génesis 25:34; 27:1–37

Jacob le dio a Esaú un tazón grande de caldo y él se lo comió. Esaú ni siquiera sabía que había sido engañado.

Tiempo después Esaú comprendió lo que le costó aquel tazón de caldo. Isaac, el padre de ellos, entregó todo lo que él tenía a Jacob lo cual debió haber sido para Esaú. Este había sido un tonto.

Esaú pensó que quería tener algo en el momento. ¿Por qué es tonto *no* pensar en las consecuencias?

Una escalera al cielo

Génesis 27:41–46; 28:10–18

Cuando Esaú se dio cuenta de que Jacob lo había engañado, se enojó mucho. Jacob tuvo miedo y escapó de él. Aquella noche en el desierto, Jacob tuvo que dormir al aire libre con una roca bajo su cabeza como almohada.

Jacob soñó con una escalera hacia el cielo llena de ángeles. Dios le habló a Jacob en el sueño y prometió bendecirlo.

y

¿Qué te parece tener una roca como almohada?

Raquel

Génesis 29:1–20

Jacob continuó su viaje, recorriendo una gran distancia hasta la casa de su tío Labán. Allí conoció a Raquel, la hermosa hija de Labán. Jacob se enamoró de ella.

Jacob le dijo a Labán: «Me quedaré aquí y trabajaré para ti si dejas que me case con Raquel». Así Jacob se quedó y trabajó siete años por la mujer que amaba.

¿Hay algo por lo cual tú estés dispuesto a esperar siete años?

¡Engañado!

Génesis 29:21-24

Después de siete años de trabajo duro, por fin llegó el momento de la boda de Jacob. Todos se vistieron para la boda. La novia tenía un velo grueso sobre la cara. Era tan grueso que Jacob no podía ver a través del velo.

Adivinen qué pasó. Labán engañó a
Jacob. Raquel no estaba debajo del velo.
Era Lea su hermana en lugar de ella.

¿Cómo crees que se sintió Jacob cuando se dio
cuenta de que había sido engañado?

De nuevo en casa

Génesis 29:25-30; 31:1-55

Jacob se enojó con Labán. «¿Qué has hecho?», le preguntó Jacob. Labán le dijo: «Trabaja un poco más y también te daré a Raquel». Jacob se casó con Raquel después de trabajar siete años más.

Entonces Jacob decidió dejar al engañador padre de Raquel. Él tomó a su familia y todo lo que tenía y comenzó el regreso a casa.

Jacob estaba de camino a casa pero era allí donde su enojado hermano vivía. ¿Qué piensas que ocurrió cuando ellos se encontraron?

Jacob lucha con Dios

Génesis 32:26–28

Cuando ya casi llegaban a casa, un sirviente le dijo: «Tu hermano Esaú viene hacia acá». Jacob pensó que Esaú venía a hacerle daño. Jacob tuvo miedo y oró: «¡Dios, sálvame de mi hermano!»

Aquella noche un hombre, quien en realidad era Dios, se le apareció. Jacob luchó con el hombre. «Bendíceme», le dijo Jacob. Dios bendijo a Jacob y le cambió su nombre por Israel.

Jacob significa «pillo». *Israel* «uno que lucha con Dios». ¿Qué tipo de persona preferirías ser?

Jacob y Esaú se encuentran

Génesis 33

A la mañana siguiente vino Esaú. Jacob se inclinó ante él con temor. ¡Sorpresa! Esaú estaba feliz de ver a Jacob. Esaú corrió hacia Jacob y le dio besos y abrazos.

«¿Quiénes son todas esas personas?», preguntó Esaú. «Son los míos», respondió Jacob. «Dios ha sido bueno conmigo». Los hermanos volvieron a ser amigos.

¿Tienes tú hermanos y hermanas?
¿Los tratas con amabilidad?

Los sueños de José

Génesis 37:1–8

Jacob tuvo 12 hijos varones. Los amó a todos, pero amó más a José. A José le gustaba hablar de sus sueños a sus hermanos. Él les dijo que en un sueño, los doce hermanos tenían manojos de trigo.

Entonces once manojos se inclinaban a su manojo. ¡Aaaah! Esto hizo enojar a sus hermanos mayores. Ellos le dijeron: «Tú no eres el rey sobre nosotros».

Dios tenía para esta familia un plan que nadie aún podía imaginar. Dios tiene también un plan para tu familia.

José el esclavo

Génesis 37:3, 12–20

Jacob le regaló a José un manto bonito de mangas largas. Esto puso celosos a sus hermanos.

Un día Jacob dijo: «José ve a chequear a tus hermanos». Así que José salió tranquilamente. Sus hermanos lo vieron venir. «Ahí viene el soñador», dijeron. «Librémonos de él». ¡Ten cuidado, José!

Aquellos hermanos tramaban algo malo.
¿Qué le harían a José?

Venden a José

Génesis 37:21-28

Los hermanos odiaban a José. Sin embargo, uno de ellos dijo: «No le hagamos daño. Sólo echémosle en este pozo». Él planeaba rescatar más tarde a José. Así que le quitaron su manto y lo lanzaron al pozo.

Entonces, algunos hombres en camellos pasaban por allí. «Eh», dijeron los hermanos, «vendámoslo para que sea un esclavo». Ellos vendieron a su propio hermano.

Eso que los hermanos hicieron fue horrible.
¿Qué pasaría después?

El manto de José

Génesis 39:1–6

José no estaba solo. Dios lo estaba protegiendo. Pronto un hombre rico llamado Potifar lo compró para que fuera su esclavo. José trabajó e hizo muy bien todo lo que Potifar le pidió que hiciera.

Por esto Potifar puso a José a cargo de toda su casa y todos tenían que obedecerle.

Aun cuando parece que las cosas van mal, Dios está protegiendo a sus hijos. Ahora mismo Él te está protegiendo.

José en la carcel

Génesis 39:6–20

Todo iba de maravilla para José, hasta que un día la esposa de Potifar trató de engañarlo. Ella dijo mentiras acerca de José y Potifar le creyó a ella.

Potifar mandó a José a la cárcel. ¡Pobre José! Sus hermanos lo vendieron, una mujer mintió acerca de él y luego lo lanzaron a la cárcel. Eso no era justo. Pero Dios tenía un plan para José.

Nos ocurren muchas cosas que no son justas. Pero Dios siempre tiene un plan para ayudarnos.

José explica sueños

Génesis 40:1–13, 20–21

En la cárcel, uno de los prisioneros, le contó a José un sueño que había tenido. José escuchó con atención y Dios le mostró qué significaba el sueño de aquel hombre.

José le dijo que en tres días el hombre estaría trabajando para el rey de Egipto como lo hacía antes de que lo mandaran a la cárcel. Por supuesto, eso mismo sucedió.

José supo lo que Dios haría. Él había aprendido a escuchar a Dios. Tú también puedes.

El sueño del panadero

Génesis 40:16–22

Otro prisionero soñó que tenía tres canastas de pan que había horneado para el rey. En su sueño las aves se comían todo el pan.

José no tenía muy buenas noticias acerca de este sueño. Él le dijo: «Dentro de tres días morirás». José dijo la verdad.

¿Por qué crees que José era tan bueno para decir el significado de los sueños? El sueño más importante que José escucharía estaba muy cerca.

El sueño del rey

Génesis 41:1–36

Una noche el rey de Egipto soñó que siete vacas flacas salían del río y se devoraban a siete vacas gordas. Nadie podía explicar qué significaba aquel sueño.

«Llamemos a José», dijo el primer hombre que había contado en la cárcel su sueño a José. Lo hicieron así y Dios mostró a José qué significaba el sueño del rey. Serían siete años de mucha comida y luego serían siete años casi sin comida.

Era un sueño que daba miedo, ¿no es así?
Algunas veces nuestros sueños significan algo,
pero otras veces son sólo sueños.

José al mando

Génesis 41:37–43

Cuando el rey escuchó lo que José dijo, hizo algo asombroso. Él puso a José al mando para juntar comida suficiente para alimentar a todos durante el tiempo de hambre.

El rey se quitó su anillo real y lo puso en el dedo de José. Le dio a José ropas finas para usar y puso una cadena de oro alrededor de su cuello. El rey hizo que José montara en una de las carrozas reales y todos tenían que hacer reverencia delante de él.

José pasó de ser un prisionero en la mañana a un gobernador en la tarde. Esto fue porque Dios tenía un plan para José y su familia.

Los hermanos de José visitan Egipto

Génesis 41:46–42:6

Durante los próximos siete años, José almacenó gran cantidad de comida. Entonces el tiempo de hambre llegó. Fue malo para otras tierras pero el pueblo de Egipto tenía comida.

La familia de José, en su tierra natal, tenía mucha hambre. «Vayan a Egipto y compren grano», dijo Jacob a sus hijos. Así que diez hermanos hicieron sus maletas y se fueron a Egipto. El hermano menor, Benjamín, se quedó en casa.

¿Qué crees que harán los hermanos de José cuando lo vean?

¡Espías!

Génesis 42:7–20

Cuando los hermanos llegaron al palacio,
José supo al instante quiénes eran ellos,
pero no lo reconocieron.

«Ustedes son espías», dijo José para probarlos. Ellos respondieron: «No, nosotros hemos venido para comprar comida». Ellos le contaron a José todo acerca de su familia.

José les dio comida pero les dijo que si alguna vez regresaban debían traer al hermano menor.

José quería ver a Benjamín. ¿Qué crees que estaban pensando los hermanos? ¿Piensas que la próxima vez traerían a Benjamín?

Los hermanos hacen reverencia

Génesis 43:15–26

Un día los hermanos de José necesitaron más alimentos. Ellos regresaron a Egipto y trajeron con ellos a Benjamín. José ordenó a sus sirvientes que prepararan una fiesta para ellos.

Cuando José llegó a la fiesta, todos los hermanos hicieron reverencia ante él. Tal como en el sueño de José acerca de los manojos de trigo de sus hermanos que se inclinaban ante el suyo.

¿Piensas que el sueño de José se hizo realidad?

José engaña a sus hermanos

Genesis 43:29–44:13

Cuando José vio a Benjamín se puso tan feliz que comenzó a llorar aunque no dejó que nadie viera sus lágrimas. José entregó a los hermanos el grano que querían.

Pero los engañó. Él puso su copa en el saco de Benjamín. La ley decía que cualquiera que tomara algo del gobernador tendría que ser su sirviente para siempre. Benjamín no pudo regresar a casa.

José engañó a sus hermanos pues él quería saber si sus corazones habían cambiado o si permitirían que alguien tomara a otro hermano.
¿Qué pasaría después?

Jacob va a Egipto

Génesis 44:3–45:28

Los hermanos le rogaron a José que no se quedara con Benjamín. José vio que sus corazones habían cambiado. Él les dijo: «Yo soy José, su hermano. Ustedes me vendieron para que fuera esclavo, pero Dios me envió aquí para salvarles la vida».

«Apúrense, vayan a casa y traigan aquí a nuestro padre y a sus familias». Fue así como el pueblo de Dios, los israelitas, vinieron a vivir en Egipto.

Dios siempre tiene un plan.
Para ti también tiene un plan.

95

Un rey perverso

Éxodo 1:8–14

Años más tarde, mucho tiempo después de la muerte de José, un rey malvado convirtió a los israelitas en sus esclavos. Los capitanes de los esclavos eran perversos también. Ellos obligaban a los israelitas a trabajar cada vez más duro haciendo ladrillos y otras cosas para el rey.

«Hay muchos israelitas y son demasiado fuertes», dijo el rey. Así que pensó hacer algo terrible.

¿Por qué crees que el rey era malo con los israelitas?

Un bebé varón

Éxodo 1:22–2:2

Aquel rey malvado y anciano ordenó: «Cada vez que nazca un bebé israelita varón tienen que lanzarlo al río». ¡Eso era terrible!

Un día una mujer israelita tuvo un bebé varón muy lindo. Ella decidió ocultar a su bebé del perverso rey y sus ayudantes. Esta fue una buena decisión.

Cuando tomamos la decisión correcta, Dios siempre nos ayuda. Veamos que ocurrió después.

La hermana buena

Éxodo 2:3–4

Después de un tiempo la mamá del bebé ya no pudo seguir ocultándolo. Así que tomó una canasta y la preparó para que no pudiera entrarle el agua.

Entonces puso al bebé dentro de la canasta y puso la canasta en el río. La hermana mayor del bebé, María, se quedó muy cerca para ver qué pasaría.

María debió haber estado muy asustada. ¿Qué piensas que ella dijo cuando oró por su hermano pequeño?

Una princesa encuentra a Moisés

Éxodo 2:5-10

Dios estaba protegiendo al bebé. Cuando la princesa vino al río a bañarse vio la canasta. «Ve y trae aquella canasta», le dijo a su sirvienta.

La princesa miró dentro de la canasta. En ese mismo momento el bebé lloró y ella sintió pena por él. La princesa decidió cuidar de él como su hijo. Ella lo llamó Moisés.

¡Esto fue emocionante! Moisés iba a ser un príncipe de Egipto. Pero algo mejor aún estaba a punto de ocurrir.

La Madre verdadera de Moisés ayuda

Éxodo 2:7–10

María todavía estaba mirando. Aunque estaba asustada, salió y preguntó: «¿Necesita a alguien que cuide del bebé?» La princesa sonrió. «Pues, sí», contestó.

María corrió a casa y buscó a su madre, a la madre verdadera de Moisés, para que lo cuidara. Dios salvó al bebé Moisés y lo devolvió a su mamá por mucho tiempo.

Muchas cosas emocionantes iban a pasarle a Moisés cuando creciera. Sigamos leyendo.

Moisés huye

Éxodo 2:11–3:3

Después de un tiempo Moisés fue al palacio a vivir. Moisés hizo algo muy malo cuando era adulto. Él mató a un hombre.

Moisés huyó al desierto. Se casó con una mujer llamada Séfora. El nombre del padre de ella era Jetro. Un día cuando Moisés estaba afuera con las ovejas, vio un arbusto en el desierto. Estaba en llamas pero no se quemaba.

¿Qué estaba pasando?
¿Por qué no se quemaba el arbusto?

Extraño fuego

Éxodo 3:4–12

Moisés fue a ver ese extraño fuego. Dios le habló a Moisés desde el fuego. «No te acerques. Quítate las sandalias. Estás en tierra santa». Moisés estaba asustado. Cubrió su cara. «Ve, saca a mi pueblo de Egipto», le dijo Dios.

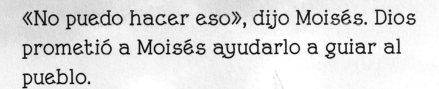

«No puedo hacer eso», dijo Moisés. Dios prometió a Moisés ayudarlo a guiar al pueblo.

Siempre que Dios nos pide que hagamos cosas difíciles, Él nos ayudará. Veamos cómo Dios ayudó a Moisés.

Moisés regresa a casa

Éxodo 4:14–5:1

Moisés regresó a Egipto para hablarles a los israelitas sobre su liberación. Dios mandó al hermano de Moisés, Aarón, para que lo ayudara.

Los israelitas se postraron de rodillas y
dieron gracias a Dios por acordarse de ellos.
Entonces llegó el momento para Moisés de ir
a ver al perverso rey. Moisés llevó a Aarón
con él.

¡Oh, oh! Moisés tenía que pedirle al rey que dejara
en libertad a toda aquella gente. ¿Qué imaginas
que dijo el rey?

El rey dice: ¡No!

Éxodo 5:1–9

Moisés caminó hacia el rey y le dijo:
«Dios dice: "¡Deja ir a mi pueblo!"» El
rey dijo: «Yo no conozco a tu Dios. ¿Por
qué debo obedecerlo? Esta gente tiene
trabajo que hacer. No se pueden ir».

Entonces el rey obligó al pueblo a trabajar aún más duro. ¡Qué hombre tan malvado! Esto hizo que los líderes israelitas se enojaran contra Moisés.

¿Crees que Moisés cometió un error?

¿Un error?

Éxodo 5:19–6:9

Los líderes israelitas estaban enojados.
Ellos pensaban que Moisés seguramente
había cometido un gran error. «Hiciste
que el rey nos odiara», le dijeron ellos.

Moisés habló con Dios: «Señor, ¿por qué le has ocasionado este problema al pueblo? ¿Es para esto que me enviaste aquí?» Dios le respondió: «Verás lo que le haré al rey».

A veces aunque hacemos lo bueno, las cosas se ponen peor por un tiempo. Entonces necesitamos recordar que Dios puede ver más allá que nosotros.

La vara milagrosa

Éxodo 7:8–13

Dios envió a Moisés y a Aarón a presentarse de nuevo ante el rey. «Deja ir al pueblo de Dios», le dijo Moisés. «Haz un milagro», le respondió el rey. Aarón lanzó al piso su vara y esta se convirtió en una culebra.

Los hechiceros del rey lanzaron al piso
sus varas y también se convirtieron en
culebras, pero la culebra de Aarón las
devoró a todas. El poder de Dios era el
más fuerte. Pero el rey era tan malvado
y su corazón estaba tan duro que dijo:
«No, tu pueblo no se puede marchar».

**Esto se está poniendo más y más difícil.
¿Cómo rescatará Dios a su pueblo?**

Un río se convierte en sangre

Éxodo 7:14–24

Dios le dijo a Moisés: «Ve a encontrarte con el rey en el río. Dile que deje ir a mi pueblo o convertiré el río en sangre». Por supuesto, el rey dijo que no. Así que Aarón golpeó el agua con su vara y el río se convirtió en sangre.

El río olía horrible y no había agua para
que las personas tomaran.

Algunas veces las personas no quieren escuchar a
Dios. ¿Qué más crees que le ocurrirá a ese rey terco?

Ranas y más ranas

Éxodo 7:25–8:15

Después de siete días Moisés regresó ante el rey. «Deja ir al pueblo de Dios», le dijo Moisés. «No», le respondió el rey.

Esta vez Dios envió ranas. ¡No simplemente una o dos, sino más de las que cualquiera podría contar! Las ranas entraron en las casas, en las camas, en la comida y en los hornos. Las ranas eran repugnantes y estaban por todas partes.

Dios hablaba en serio. ¿Cuán peor crees que se pondrían las cosas antes de que el rey dijera que sí?

Mosquitos, moscas y úlceras

Éxodo 8:16–9:12

Cada vez que el rey decía no, las cosas iban poniéndose de mal en peor en Egipto. Dios envió piojos pequeños, diminutos que se arrastraban sobre todas las personas.

Luego Dios envió millones de moscas. Estaban por todas partes. Las vacas enfermaron y murieron. Entonces las personas enfermaron con llagas grandes llamadas *úlceras*. Pero el rey continuó diciendo cada vez: ¡No!

¡Sin dudas era un rey terco! ¿Puedes imaginarte que cosa tan terrible vino después?

Granizo, langostas y oscuridad

Éxodo 9:13–10:29

Luego Dios mandó una tormenta. Trozos grandes de hielo llamados *granizo* machacaron cada planta contra la tierra. Entonces los saltamontes hambrientos llamados *langostas* volaron hasta allí traídos por el viento. Había muchos de ellos, la gente no podía ver la tierra. Las langostas se comieron todos los alimentos.

Entonces Dios envió tinieblas justo al mediodía. Los egipcios no podían ver nada pero el rey de nuevo dijo que no.

¿Por qué piensas que el rey continuó diciendo que no?

Cenar parado

Éxodo 11:1–12:28

Dios le ordenó a su pueblo que preparara una comida de cordero asado y que cenaran de pie con todas sus ropas puestas.

Les dijo que tuvieran sus varas en las manos. Dios sabía que pronto el rey cambiaría de opinión y su pueblo necesitaba estar preparado para partir.

Aquella noche los niños se quedaron despiertos hasta tarde y cenaron esa comida junto con sus padres. ¿Dime qué piensas que ocurrió después?

Algo terrible

Éxodo 12:29-51

A media noche, por haber sido el rey
tan testarudo, algo terrible ocurrió
en Egipto. Murieron todos los hijos
varones mayores, los de las vacas, los de
caballos y otros animales, pero ninguno
de los del pueblo de Dios ni de sus
animales murieron.

Por fin el rey dijo: «Tomen todo lo que tienen y salgan de Egipto». ¡Al fin el pueblo de Dios era libre!

Dios no quiere que les ocurran cosas malas a las personas, pero tuvo que hacer que el rey escuchara.

Nube y fuego

Éxodo 13:21–22

Cuando el pueblo de Dios salió de Egipto, ellos marcharon hacia el desierto. Dios hizo algo muy especial para ayudarlos. Él envió una gran nube para guiarlos durante el día.

La noche en el desierto era muy oscura. Por lo tanto, Dios cambió la nube por fuego. Era como una lámpara de noche gigante. Ahora el pueblo de Dios podía viajar un poco durante el día y también durante la noche.

Dios amaba a su pueblo. Él los estaba cuidando así como cuida hoy de nosotros.

131

Encerrados en el Mar Rojo

Éxodo 14:5–14

En Egipto el rey cambió de opinión y envío su ejército a perseguir a los israelitas y traerlos de vuelta. El ejército de carros y caballos se acercaba más y más.

El pueblo de Dios se detuvo exactamente frente al Mar Rojo. No había un camino a través del agua. Los soldados del rey estaban detrás de ellos y el mar estaba frente a ellos. Parecía como si estuvieran encerrados, pero no lo estaban.

¿Cómo piensas que se sintió el pueblo de Dios en aquel momento? ¿Triste? ¿Asustado? ¿Con esperanzas?

Un camino seco

Éxodo 14:15–31

Justo en ese momento Dios movió la gran
nube detrás de su pueblo para ocultarlos
del enemigo. Los egipcios no podían ver
nada. La nube se oscureció para los
egipcios, pero al otro lado la nube daba
luz para el pueblo de Dios.

Entonces Moisés levantó su mano sobre el mar. Durante toda la noche Dios empujó el mar con un viento fuerte y el agua se dividió para formar un camino seco hasta el otro lado. Los israelitas llegaron a salvo al otro lado. Pero cuando el ejército egipcio trató de utilizar el mismo camino, el agua se volvió a unir y cubrió a los soldados. Este fue el final del ejército del rey.

¿Te imaginas algo así como caminar por el medio del mar?

Alimento y agua

Éxodo 15:22–17:7

Dios guió a su pueblo a través del desierto. Dios los amó. Él se aseguró que tuvieran bastante comida y agua. Él les dio una extraña comida blanca llamada *maná*. Este alimento venía del cielo y era muy bueno para ellos, pero el pueblo se quejaba y se quejaba.

Una vez Dios hasta hizo salir agua de una roca para que ellos tuvieran agua fresca para beber. La gente estaba contenta de tener agua. Ellos dejaron de quejarse por un rato.

Dios quiere que seamos agradecidos. ¿Por qué cosas estás tú agradecido? ¿Qué debes decirle a Dios?

Los Diez Mandamientos

Éxodo 20:2–17; 24:12–18

Un día Dios llamó a Moisés que subiera hasta la cima de una montaña para tener una conversación.

Dios le dio muchas reglas a Moisés para ayudar a su pueblo a saber cómo vivir. Dios escribió las reglas en piedra con su dedo. Nosotros llamamos estas reglas Los Diez Mandamientos.

Dios nos da reglas para mantenernos a salvo. Las reglas nos ayudan a tener vidas felices. Papá y mamá tienen reglas también. ¿Puedes mencionar una de esas reglas?

Una tienda de campaña para Dios

Éxodo 25:8-9; 31:1-11

Dios le había ordenado a Moisés que construyera una tienda de campaña santa para que Dios pudiera vivir cerca de su pueblo. Entonces Dios le dio a Moisés alguien para ayudarlo a construir la tienda de campaña santa.

El nombre del ayudante era Bezaleel.
Dios dijo que su Espíritu ayudaría a
Bezaleel a conocer cómo hacer cosas
hermosas de oro y plata, así como joyas
y maderas talladas para la casa de Dios.

**Dios da habilidades y talentos diferentes a personas
diferentes. ¿Qué haces tú mejor? ¿Le has dado
gracias a Dios por este talento especial?**

141

Una caja santa

Éxodo 25:10–22; 40:20–21, 34–38

Una de las cosas que Bezaleel hizo para la tienda santa fue la caja santa. Él cubrió la caja con oro puro y le hizo una tapa de oro puro también.

Moisés puso las tablas de piedra de los mandamientos de Dios dentro de la caja santa. Bezaleel y Moisés trabajaron duro para hacerlo todo perfecto. Cuando la tienda santa estuvo terminada, la presencia de Dios la llenó toda. Dios había venido a vivir con su pueblo.

En la actualidad, ¿a dónde van las personas a adorar a Dios?

Moisés y Josué

Éxodo 33:7–11

Antes de construir la tienda santa, Moisés debía preparar otra tienda fuera del campamento. Cuando Moisés iba a la tienda para hablar con Dios, con frecuencia llevaba con él a un hombre joven llamado Josué.

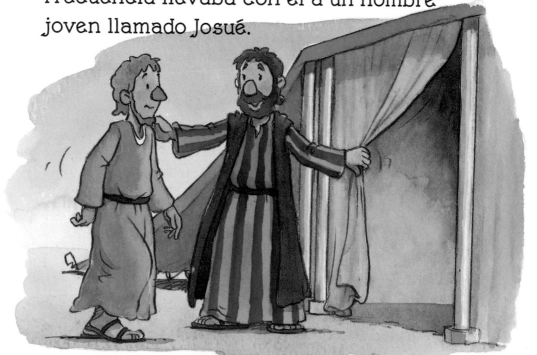

Todo el pueblo se quedó parado afuera y vio a los dos hombres pasar adelante. Tan pronto como Moisés y Josué estuvieron dentro de la tienda, la gran nube bajó y cubrió la entrada.

145

¿Qué supones que estaba pasando dentro de la tienda? Veamos.

Dentro de la tienda

Éxodo 33:11; Josué 1:1-9

Dentro de la tienda, Dios y Moisés conversaron como viejos amigos y Josué escuchaba. Esta fue una de las maneras en que Moisés enseñaba a Josué cómo ser un líder del pueblo de Dios.

Cuando Moisés salió de la tienda hacia su casa, Josué prefirió quedarse en la tienda.

Llegar a conocer a Dios era importante para Josué.
Dios tenía para él mucho trabajo por hacer.

Tú también puedes llegar a conocer a Dios si oras y escuchas lo que Él dice en la Biblia.

Moisés ve a Dios

Éxodo 33:18–23; 34:29–35

Un día Moisés le preguntó a Dios: «¿Me mostrarás cuán grande eres?» Dios colocó a Moisés dentro de una grieta en una roca y pasó frente a él.

Moisés sólo vio la espalda de Dios pero fue suficiente. La cara de Moisés se puso tan brillante por haber estado cerca de Dios que la gente no podía mirarlo. Moisés tuvo que cubrirse su cara para que la luz no quemara los ojos de ellos.

Tremendo. Moisés en realidad estuvo cerca de Dios, ¿no es así? ¿Cómo crees que nosotros podemos acercarnos a Dios?

Doce hombres exploran

Números 13:1–14:35

Un día Moisés mandó a doce hombres a explorar la tierra que Dios había prometido a su pueblo. La tierra tenía muchos alimentos pero las personas que vivían allí eran como gigantes. Dos hombres, Josué y Caleb, dijeron: «No se preocupen. Dios está con nosotros y Él es más fuerte que cualquier gigante».

Pero los otros hombres tuvieron miedo y dijeron: «Nosotros no podemos entrar en esa tierra». Dios no estaba contento con su pueblo. Ellos no confiaron en Él. Así que el pueblo de Dios tuvo que andar de un lado para otro en el desierto por cuarenta años más.

Dios quiere que creamos en su Palabra.
De los doce hombres que exploraron la nueva tierra,
¿quiénes fueron los dos que confiaron en Dios?

La burra de Balán

Números 22:1-22

Cerca del final de su tiempo en el desierto, todo el pueblo de Dios acampó cerca de una ciudad. El rey de aquella ciudad tuvo miedo cuando vio tantas personas acampadas por allí. Él mandó a buscar a un profeta llamado Balán. «Haz algo para que esta gente se marche», le dijo el rey.

Así que Balán partió en su burra para ver qué podía hacer. Esto enojó a Dios pues Él quería que su pueblo estuviera allí.

Dios tenía una gran sorpresa para Balán.
Pasa la página y lee lo que ocurrió.

153

La burra y el ángel

Números 22:22–35

Dios envió un ángel con una espada para detener a Balán. Balán no pudo ver el ángel pero su burra sí pudo. La burra se detuvo. Cuando Balán azotó a la burra para que caminara, ella le dijo: «¿Por qué me azotas?» Entonces Balán vio el ángel. El ángel le dijo a Balán que ayudara al pueblo de Dios.

Dios puede hacer cualquier cosa. Él hasta hizo hablar a una burra para que Balán prestara atención.

El cruce del Jordán

Josué 3

Finalmente llegó el momento para que el pueblo de Dios entrara en su nueva tierra. No obstante, tuvieron que cruzar primero el Río Jordán.

No había puentes ni botes. Dios mandó a los sacerdotes que llevaran la caja santa y caminaran dentro del agua. Cuando lo hicieron, Dios hizo un camino seco y su pueblo caminó a través de él hasta el otro lado del río.

¿Qué crees que pensaron otros pueblos cuando escucharon acerca de lo que Dios había hecho por su pueblo?

Los muros de Jericó

Josué 6

La primera ciudad a la que llegaron fue Jericó. Tenía muros enormes y puertas, también guardias por todas partes. Dios dijo: «Marchen alrededor de Jericó todos los días durante seis días. El séptimo día los sacerdotes con trompetas deben marchar al frente».

«El séptimo día, marchen siete veces alrededor. Entonces que los sacerdotes toquen sus trompetas de forma larga y fuerte. El pueblo debe gritar y los muros caerán». El pueblo obedeció y aquellos muros se vinieron abajo.

A veces Dios nos pide hacer cosas que no comprendemos. Nosotros sólo necesitamos obedecer.

El sol se detiene

Josué 10:1–14

Josué luchó duro para ganar la tierra que Dios había prometido a su pueblo. Dios lo ayudó. Un día Dios envió granizos enormes que cayeron sobre los enemigos.

Tarde aquel día la batalla no había terminado. Josué dijo: «¡Sol, detente!» Dios mantuvo el sol en el mismo lugar donde estaba hasta que su pueblo ganó la batalla.

Nada es imposible cuando Dios está a nuestro lado.
Dios quiere ayudarnos.

Débora

Jueces 4:1–16

Cuando el pueblo se acomodó en
su nueva tierra, Dios les dio
líderes que los ayudaran.
Uno de ellos fue una
mujer llamada Débora.
La gente venía a verla
bajo un árbol para
que ella pudiera
resolver sus
disputas.

Ella y su general, Barac, salieron a una batalla. Débora era una mujer valiente que pudo vencer a sus enemigos. Dios estaba a su lado.

Débora fue sólo una de los muchos líderes valientes. Veamos quién más fue un líder.

Gedeón

Jueces 6:11–24

Un día un ángel vino a un hombre llamado Gedeón y le dijo: «¡El Señor está contigo, valiente guerrero! Ve, salva al pueblo de Dios».

Gedeón respondió: «¿Yo? Mi familia es la más débil en nuestra tribu. Y yo soy el más débil en nuestra mi familia». El ángel le dijo a Gedeón: «Yo estaré contigo». De este modo Gedeón se convirtió en un líder del pueblo de Dios.

Dios no siempre busca a la persona más fuerte para hacer su trabajo. Él busca personas dispuestas a hacer lo que Él les pida que hagan.

Demasiados soldados

Jueces 6:33–7:8

166

Gedeón estaba asustado pero decidió que
haría lo que Dios le había ordenado. Él reunió
a un ejército. Dios le dijo: «Tienes demasiados
soldados». Gedeón envió de regreso a casa
a miles de hombres. Dios volvió a decirle:
«Todavía tienes demasiados. Llévalos a
beber agua. Deja solo a aquellos que recogen
el agua con sus manos y la lamen como
un perro». Por esto sólo
trescientos soldados se
quedaron con Gedeón.

¿Cómo podría Gedeón ganar una guerra sólo
con trescientos soldados? ¡Pues veamos qué
hizo Dios después!

Las trompetas y los cántaros

Jueces 7:16–22

Dios le dijo a Gedeón que le diera trompetas y cántaros a cada uno de sus hombres. Dentro de cada cántaro había una antorcha encendida.

Mientras el enemigo dormía, los hombres de Gedeón tocaron sus trompetas tan alto como pudieron. Entonces rompieron sus cántaros y dejaron brillar el fuego de las antorchas. Los soldados enemigos despertaron y se asustaron tanto que comenzaron a luchar entre ellos mismos. Después de un rato huyeron.

¡Ya que Gedeón hizo lo que Dios le mandó hacer, Dios ganó la batalla para su pueblo! ¡Sí, Dios!

Sansón

Jueces 13:1–5, 24–25

Dios eligió a uno de los líderes de su pueblo antes de que naciera.

Un ángel le dijo a la madre: «¡Tendrás un hijo! Pero nunca cortes su cabello. Su pelo largo mostrará que él es un nazareo; alguien que tiene trabajo que hacer para Dios».

Este bebé creció muy fuerte. Su nombre era Sansón y siempre vencía a sus enemigos.

¡Qué pena; Sansón no era tan inteligente como lo fuerte que era! Él estaba a punto de meterse en un montón de problemas grandes.

Le cortan el pelo a Sansón

Jueces 16:4-21

Sansón tenía una novia. Su nombre era Dalila. Ella le preguntó: «¿Qué te hace ser tan fuerte Sansón?» Al principio él no le dijo. Ella le rogó y le lloriqueó. Finalmente él le dijo: «Si alguien rapara mi cabeza perdería mi fuerza».

Cuando Sansón se durmió, Dalila buscó a alguien que rapara su cabello. Sansón nunca más fue fuerte. Ahora era fácil para sus enemigos meterlo en la cárcel.

Pobre Sansón. Él no fue sabio al elegir a Dalila como su amiga. Nosotros tenemos que ser cuidadosos acerca del tipo de amigos que elegimos.

Empujar las columnas

Jueces 16:23–31

El pelo de Sansón creció largo nuevamente en la cárcel. Una noche sus enemigos tenían una fiesta. Ellos trajeron a Sansón y se burlaban de él.

Sansón le pidió a Dios que lo ayudara una vez más. Dios lo hizo. Entonces Sansón empujó las columnas que sostenían el edificio y este cayó completo encima de todo el mundo. Aquellas personas nunca más harían daño a alguien.

**Sansón fue el hombre más fuerte en la Biblia.
¿Quién lo hizo fuerte?**

Rut y Noemí

Rut 1

Rut y Noemí eran viudas. Eso quiere decir que sus esposos habían muerto. Rut había estado casada con el hijo de Noemí. Un día Noemí decidió regresar a la tierra desde donde su familia había venido.

Rut decidió ir con ella. Noemí pensó que Rut podría echar de menos a su familia y amigos. Noemí le dijo a Rut que no viniera con ella. Sin embargo, Rut le dijo: «¡No me pidas que te deje!» Así que fueron juntas.

Rut no sabía a dónde iba, ni la gran sorpresa que le esperaba. Trata de adivinar qué fue.

Rut recoge espigas

Rut 2

Rut y Noemí eran muy pobres. No tenían suficiente para comer. Noemí era demasiado vieja para trabajar, así que Rut salió al campo de un hombre rico a recoger los restos de espigas para comer. El hombre rico la vio. Ella era una mujer joven y hermosa. «Quédate aquí y trabaja en mi campo», le dijo él.

178

Rut estaba cuidando de Noemí y Dios estaba
cuidando de ambas. Dios aún no había terminado
con su sorpresa. ¿Cuál será?

179

Rut y Booz

Rut 3–4

Noemí decidió que Booz sería un buen esposo para Rut. Ella le dijo a Rut lo que debía hacer para saber si Booz quería casarse con ella. Rut hizo exactamente lo que le dijo Noemí. A Booz le gustaba Rut y quería casarse con ella. Así que se casaron y tuvieron un niño. Esto hizo muy feliz a todos.

Las sorpresas de Dios siempre son muy especiales si sólo esperamos por su tiempo para dárnoslas. Cuenta acerca de una sorpresa que hayas tenido.

La oración de Ana

1 Samuel 1:1–18

Un día una mujer llamada Ana fue a la tienda santa de Dios para orar. Ella le pidió a Dios un hijo varón y le prometió a Dios que su hijo trabajaría para Él toda su vida. El sacerdote Elí la vio orando y pensó que algo estaba mal. Ana le dijo que estaba muy triste y le estaba contando a Dios sus problemas. Elí le dijo: «Que el Señor te dé lo que deseas». Ana nunca más estuvo triste.

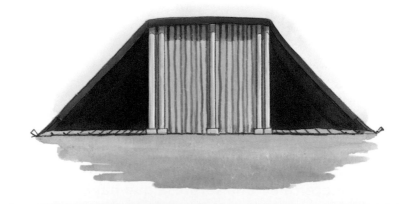

¿Por cuáles motivos oras a Dios?

El hijo de Ana

1 Samuel 1:19–28; 2:19

La oración de Ana recibió respuesta. Ella tuvo un hijo y lo llamó Samuel; que significa «Dios escuchó».

Cuando Samuel tenía unos tres años, Ana lo
llevó a Elí, el sacerdote de la tienda santa.
Ana amaba mucho a Samuel. Cada año le
hacía un manto nuevo.

Ana cumplió su promesa a Dios al llevar a Samuel
a Elí. Dios tenía grandes planes para Samuel.
¿Cuáles crees tú que eran esos planes?

Samuel escucha

1 Samuel 3:1–14

El trabajo de Samuel era ayudar a Elí en el servicio del Señor. Una noche Samuel corrió hacia donde dormía el sacerdote Elí. Samuel había escuchado a alguien decir su nombre y pensó que había sido Elí. «Yo no te llamé», le dijo Elí. «Vuelve a la cama».

Así que Samuel regresó a la cama pero la voz lo llamó dos veces más. Después de la tercera vez, Elí supo que Dios estaba llamando a Samuel. Elí le dijo a Samuel que respondiera: «Habla Señor, te estoy escuchando». Dios dijo a Samuel que Él iba a castigar a los hijos de Elí porque eran malvados.

**¿Qué harías tú si Dios te llama
en medio de la noche?**

La pérdida de la caja santa

1 Samuel 4

Cuando Samuel era ya adulto, hubo una guerra. El pueblo de Dios decidió llevar la caja santa a la batalla. Al hacer esto ellos no siguieron las reglas de Dios. ¿Adivina qué ocurrió? El enemigo capturó la caja santa de Dios y se la llevaron a donde vivían ellos. El pueblo de Dios estaba triste.

El pueblo de Dios conocía las reglas
pero decidieron no obedecerlas.
¿Qué piensas acerca de obedecer reglas?

De regreso a casa

1 Samuel 5–6:13

Tan pronto como el enemigo llegó a donde vivía con la caja santa de Dios, cosas malas comenzaron a sucederle. Ellos quisieron deshacerse de la caja santa, así que la pusieron en una carreta tirada por dos vacas y la enviaron de regreso. Cuando el pueblo de Dios vio la caja santa de Dios de regreso, ¡todos se pusieron muy contentos!

El pueblo de Dios ni siquiera tuvo que pelear para recuperar la caja santa. Dios nos cuidará aun cuando alguien sea malo con nosotros.

Un trueno aterrador

1 Samuel 7:2–11

El enemigo todavía no estaba
completamente tranquilo. Ellos vieron
que todo el pueblo de Dios estaba reunido
y decidieron atacarlo. El pueblo le rogó a
Samuel que orara. Samuel lo hizo y Dios
envió un trueno tan fuerte que aterró
a los soldados enemigos. Entonces el
pueblo de Dios los hizo huir.

¡Asombroso! Este debió ser un trueno tremendo.
Dios puede utilizar hasta la naturaleza
para vencer al mal.

193

El rey para Israel

1 Samuel 8–15

Después de un tiempo el pueblo de Dios decidió que quería un rey. A Dios no le pareció una buena idea pero le dijo a Samuel que vertiera aceite sobre la cabeza de un campesino joven y alto llamado Saúl. Esto mostraba que Dios lo había elegido para ser rey.

Al principio Saúl permitió que Samuel lo ayudara a tomar decisiones buenas, pero luego Saúl decidió hacer cosas que desagradaban a Dios. Así que Dios decidió poner a otro rey en el lugar de Saúl. A Samuel le entristeció decirle a Saúl que Dios no lo quería más como rey.

Qué mal lo que pasó con Saúl. Veamos a quién Dios elige para que sea el nuevo rey.

El hijo más joven

1 Samuel 16:1–13

Dios envió a Samuel a la casa de un hombre llamado Isaí para elegir un nuevo rey. Cuando Samuel vio a siete de los hijos de Isaí, Dios le dijo: «No mires cuán altos o hermosos son».

«Estos son todos tus hijos?», le preguntó Samuel. Isaí le respondió: «Mi hijo menor está cuidando las ovejas. Se llama David». Dios le dijo a Samuel: «David es a quien he elegido».

A Dios no le interesa si eres alto o bajo, si tienes ojos azules u oscuros. Él sólo quiere que tengas un corazón que lo ame a Él.

David el pastor

1 Samuel 16:11; Salmo 23

David era un pastor. Su trabajo era proteger y cuidar las ovejas. Cuando él estaba con las ovejas, componía canciones y se las cantaba a Dios. Una de esas canciones dice: «El Señor es mi pastor, nada me falta».

Mientras David vigilaba las ovejas, se convirtió en amigo íntimo de Dios.

Es bueno cantar canciones a Dios.
¿Cuál es tu canción favorita para cantarle a Él?

David y el gigante

1 Samuel 17:1-24

El Espíritu Santo de Dios vino a estar con David. Y lo hizo fuerte y valiente. Un día Isaí su padre le pidió a David que fuera a chequear a sus hermanos quienes eran soldados. Cuando David llegó al campo de batalla, se dio cuenta de que todos los soldados tenían miedo de un gigante llamado Goliat. A Goliat le gustaba gritar a los soldados y asustarlos. Él quería hacerles daño.

Dios le dio valor a David y así él no le tuvo temor al gigante. ¿Qué harías tú si necesitaras un poco de valor?

Cae el gigante

1 Samuel 17:25–58

David no tenía miedo de Goliat. Él recogió cinco piedras pequeñas y lisas y las puso en su zurrón. Entonces con su honda en una mano, David fue a encontrarse con Goliat.

El gigante se rió cuando vio que David era sólo un niño. Sin embargo, David lanzó una piedra desde su honda. La piedra golpeó a Goliat en la cabeza y lo mató.

David era valiente y confiaba en Dios. Con sólo pedirlo, Dios nos ayudará en los momentos que estemos asustados.

El rey Saúl persigue a David

1 Samuel 18–23

Al matar al gigante Goliat, David se convirtió en un héroe. El pueblo de Dios lo amaba. El rey Saúl tuvo celos de David y finalmente trató de matarlo. Saúl y sus soldados andaban tras él y lo buscaban por dondequiera.

No obstante, David y los hombres valientes que estaban con él eran protegidos por Dios y Saúl no pudo atraparlos.

**Veamos cómo David huye de Saúl.
Tal vez te sorprendas.**

David y Jonatán

1 Samuel 18:1–4; 20

El rey Saúl tenía un hijo que se llamaba
Jonatán. Jonatán era un príncipe. Él y
David eran muy buenos amigos. Jonatán
hasta le regaló a David su manto.
Jonatán sabía que su padre quería
hacerle daño a David, así que ayudó
a David a escapar y esconderse de
Saúl. Este fue un acto muy valiente de
parte del príncipe Jonatán. Si David se
convertía en el próximo rey, Jonatán
nunca sería el rey de Israel.

Los buenos amigos se ayudan unos a otros. ¿Tienes un buen amigo? ¿Qué harías para ayudar a tu amigo?

El hijo de Jonatán

1 Samuel 31; 2 Samuel 1:1–11; 5:1–4; 9

Un día el rey Saúl y su hijo Jonatán
murieron en una batalla contra el
enemigo. Al escuchar David esto se
entristeció mucho. Poco tiempo después
David se convirtió en rey. David siempre
cuidó de Mefi-boset, el hijo de su mejor
amigo Jonatán. Mefi-boset era lisiado de
sus dos piernas.

David amaba a Dios y quería agradarle.
Sin embargo, una vez David cometió un gran error.
Veamos qué ocurrió.

David se porta mal

2 Samuel 11–12:13; Salmo 51

Por lo general David iba a la guerra con sus soldados, pero en una ocasión se quedó en casa y se metió en un gran problema. Él se adueñó de la esposa de otro hombre. El nombre de aquella mujer era Betsabé. Entonces David envió al hombre hacia la batalla para que lo mataran. ¡Eso estuvo muy mal!

Cuando David se dio cuenta de lo malvado
que había sido, de veras se arrepintió.
Le pidió a Dios que lo perdonara y Dios lo
perdonó.

Dios nos perdonará si de verdad estamos arrepentidos
de lo que hemos hecho mal y pedimos su perdón.

Una mujer sabia

2 Samuel 20:1, 14–22

Joab, el general de David, así
como el ejército estaban
tratando de capturar a un
alborotador. Ellos estaban
excavando debajo de la muralla
de una ciudad para hacer que
cayera. Entonces una mujer
sabia dentro de la ciudad
le dijo a Joab: «¿Qué estás
haciendo?»

«Estamos tratando de capturar a un alborotador», le respondió Joab. La mujer sabia les dijo a los líderes de la ciudad que había un alborotador escondido en su ciudad. Así que los líderes capturaron y mataron al malvado hombre. Cuando Joab escuchó esto, tomó su ejército y regresó a casa. La ciudad se salvó.

Nosotros ni siquiera conocemos el nombre de esta mujer, pero la recordamos porque fue valiente.

El hombre más sabio

1 Reyes 3:4-15

David fue rey por cuarenta
años. Él tuvo muchos hijos, pero
fue su hijo Salomón quien se
convirtió en rey cuando
David murió. Salomón
conocía que los reyes sabios
toman buenas decisiones. Él oró y le
pidió a Dios que le hiciera sabio para
poder entender sus leyes. Dios
escuchó su oración y lo hizo el
hombre más sabio que alguna vez
vivió.

Cualquiera de nosotros puede pedirle a Dios que le haga sabio y Él lo hará. Veamos cómo la sabiduría de Salomón ayudó a dos mujeres.

¿De quién es el bebé?

Dos mujeres trajeron un bebé a Salomón. Cada una decía que el bebé era de ella. Salomón supo sencillamente qué hacer para descubrir quién era la verdadera madre. Él dijo que cortaría al bebé por la mitad y entregaría una parte a cada mujer.

Entonces una mujer señaló a la otra y dijo: «No, no le hagan daño al bebé. Denle el bebé a ella». Así Salomón supo que la mujer que dijo esto era la verdadera madre.

En realidad Salomón no iba a hacerle daño al bebé.
¿Qué estaba tratando de descubrir?

Dos reinos

1 Reyes 12:20; 16:29–33; 17:1

Después que Samuel, David, y Salomón murieron, el pueblo de Dios se dividió en dos reinos: Israel en el norte y Judá en el sur. El rey Acab gobernó Israel. Él hizo muchas cosas que Dios dijo que eran malas. Acab adoró ídolos y su maldad fue mayor que la de cualquiera de los reyes que estuvieron antes de él.

Por esto Dios envió a Elías el profeta a enseñarle una lección a Acab. Elías le dijo a Acab que durante muchos años no llovería. Esto enojó mucho a Acab.

Acab y su esposa Jezabel querían matar a Elías. No obstante, Dios quería que Elías viviera. Veamos cómo Dios protegió a Elías.

Elías huye del rey Acab

1 Reyes 17:7–15

Elías tuvo que huir de Acab y acampar cerca de un arroyo. Dios envió pájaros que trajeran comida al profeta.

Cuando el arroyo se secó, Dios mandó
a Elías que fuera y le pidiera comida a
cierta mujer. «Sólo me queda suficiente
para una comida para mí y para mi hijo»,
le dijo ella. Elías le pidió: «Cocina primero
para mí y ustedes estarán bien».
Así lo hizo ella.

La mujer creyó lo que Elías le dijo y adivinen
qué ocurrió. Después que dio de comer a Elías,
nunca más se le acabó la comida.

¿Quién es el Dios verdadero?

1 Reyes 18:1, 15-24

Durante tres años no llovió. Finalmente Dios le dijo a Elías que fuera a encontrarse con el rey Acab.

«Aquí estás, el gran alborotador», le dijo el rey. Pero era el rey quien verdaderamente había causado el problema.

«Veamos quién es el dios verdadero», le dijo Elías. Así que los profetas del rey construyeron un altar a su dios y Elías construyó un altar a su Dios. Ambos pusieron sus ofrendas sobre cada uno de los altares. Entonces oraron y esperaron para ver cuál dios respondería sus oraciones al enviar fuego que quemara el sacrificio.

¿Qué crees que Elías esperaba que sucediera?

Fuego del cielo

1 Reyes 18:25–46

Los profetas del rey gritaron a sus
dioses falsos para que enviaran fuego,
pero el fuego no llegó. Elías se burlaba:
«Oren más alto». Así lo hicieron, pero
nada ocurrió. Cuando ellos dejaron
de orar, Elías echó mucha agua sobre
todo el altar que había construido.
Entonces oró al Dios de los cielos para
que enviara fuego.

El fuego cayó. Quemó la ofrenda, las piedras y secó el agua. Así el pueblo supo que el Dios de Elías era el más poderoso.

225

**Cuando Elías oró de nuevo, comenzó a llover.
¿Cómo crees que se sintió el rey por esto?**

Elías en el desierto

1 Reyes 19:1–8

Aunque la lluvia había llegado, el rey Acab y su malvada mujer Jezabel, todavía querían matar a Elías. El profeta de Dios huyó al desierto para salvar su vida. Estaba tan cansado que se acostó a descansar y se quedó dormido.

De pronto alguien le tocó por el hombro. Un ángel había venido con la cena lista para Elías. Dos veces el ángel le dio de comer. Así Elías se sintió lo bastante fuerte como para hacer un largo viaje.

¿Qué crees que pensó Elías cuando un ángel le trajo comida?

Dios habla a Elías

1 Reyes 19:9–18

El rey malvado todavía perseguía a Elías y esto entristeció a Elías. Él se fue a una cueva para esconderse. Dios le dijo: «Quédate aquí y yo pasaré». Un viento fuerte sopló pero Dios no habló. Un terremoto sacudió el suelo pero Dios no habló.

Un fuego ardió pero todavía Dios no habló. Entonces, cuando todo estaba tranquilo, Elías escuchó la voz suave de Dios: «Ve, busca a un hombre llamado Eliseo. Será un ayudante para ti y él será el próximo profeta».

¿Dónde crees que Elías encontró a Eliseo?

El ayudante de Elías

1 Reyes 19:19–21

Elías dejó el desierto
en seguida. Encontró
a Eliseo arando un
campo. Elías puso
su manto sobre
el joven. Esto
significaba que él
quería a Eliseo como
ayudante. Primero
Eliseo y su familia
tuvieron una gran
fiesta. Entonces se
despidió de su padre
y su madre y siguió a
Elías.

Elías hizo exactamente lo que Dios le mandó que
hiciera. Ahora él y Eliseo trabajarían juntos para Dios.

Una reina mala

1 Reyes 21–22:39

El rey Acab y su malvada esposa, Jezabel, decidieron que querían la tierra de un vecino. La ley prohibía hablar mal de Dios o del rey. Jezabel buscó a algunas personas para que mintieran y dijeran que Nabot el vecino había dicho cosas malas tanto de Dios como del rey Acab.

Así Jezabel mató a Nabot y el rey Acab se adueñó de la tierra de Nabot. No mucho después, tanto el rey Acab como su esposa, tuvieron una muerte horrible.

Dios vio lo que Acab y Jezabel habían hecho. ¿Cómo tú piensas que se sintió Dios por esto?

El carro de fuego

2 Reyes 2:1–12

Elías estaba envejeciendo. Su ayudante
Eliseo iba con él a todas partes.

Un día Elías y Eliseo estaban juntos, entonces Dios envió un carro y caballos hechos de fuego. Los caballos de fuego se pararon entre Elías y Eliseo. De pronto Elías subió al cielo en un torbellino. Eliseo lo vio irse.

Algún día nosotros iremos al cielo. El cielo será un lugar maravilloso. ¿A quiénes crees que veremos allí?

El manto de Elías

2 Reyes 2:13-14

Al torbellino llevarse a Elías al cielo, su manto se le desprendió y cayó al suelo. Eliseo lo recogió.

Eliseo fue al río y golpeó el agua con el manto. Él dijo: «¿Dónde está el Dios de Elías?» Eliseo quería ver si el poder de Dios estaba en él como había estado en Elías. Sí estaba. El agua se separó en dos y Eliseo cruzó por tierra seca.

Este fue el primer milagro que Dios hizo por medio de Eliseo. Continúa leyendo para que aprendas más acerca de otros milagros que ocurrieron después.

El milagro de la vasija de aceite

2 Reyes 4:1–7

«Mi esposo quien ya murió debía dinero a un hombre. Ese hombre va a convertir a mis dos hijos en sus esclavos», le dijo una mujer a Eliseo. «Yo sólo tengo está vasija pequeña de aceite».

«Pide vasijas vacías a tus vecinos», le dijo Eliseo. «Ahora vacía el aceite dentro de ellas». Cuando la mujer comenzó a vaciar el aceite de su vasija, continuó saliendo aceite. Ella llenó cada vasija que estaba en la casa. Entonces vendió el aceite, pagó su deuda al hombre y salvo a sus hijos de la esclavitud.

¿Cómo una vasija pequeña de aceite pudo llenar tantas vasijas grandes? ¡Esto fue un milagro!

Eliseo ayuda a un niño pequeño

2 Reyes 4:8–37

Otra mujer también le rogó a Eliseo que la ayudara. Su hijo pequeño había muerto. Eliseo fue a su casa.

Eliseo entró a la habitación donde estaba el cuerpo del niño pequeño y oró sobre él. El pequeño estornudó y abrió sus ojos. Él había resucitado y estaba bien.

Este fue otro milagro maravilloso. Sólo Dios puede dar vida a las personas.

Veneno en el guisado

2 Reyes 4:38-41

Eliseo se encontró con unos hombres hambrientos. Él hizo que sus siervos les hicieran un guisado. Uno de los hombres quiso ayudar. Él encontró algunas plantas y las puso en el guisado pero no sabía que eran venenosas.

Cuando los hombres comenzaron a comer, ellos gritaron: «¡Hay muerte en el guisado!» Eliseo le puso harina y la comida se volvió buena para comer.

Por lo general echar harina en un guisado no quita el veneno. Este fue otro milagro de Dios.

Comida para todos

2 Reyes 4:42–44

Por todo Israel la gente se estaba quedando sin alimentos. Estaban hambrientos. Un hombre trajo veinte panes a Eliseo. Eliseo le dijo: «Den comida a la gente». El hombre le respondió: «No podemos alimentar a cien hombres con tan poco pan».

Eliseo le dijo que comenzara a alimentarlos y habría pan de sobra. ¡Sin dudas, eso fue lo que sucedió!

Eliseo no estaba haciendo estos milagros por su propio poder. Dios lo estaba ayudando. ¿Qué milagro piensas que ocurrió después?

Bañarse siete veces en el Río Jordán

2 Reyes 5:1–14

Naamán, un soldado importante, tenía una enfermedad terrible de la piel llamada *lepra*. Las personas que tenían lepra no podían acercarse a otras personas. Ellos tenían que vivir en pueblos para leprosos. La joven sirvienta de la esposa de Naamán le dijo: «Qué bueno si mi amo conociera a Eliseo. Él lo podría sanar».

Así que Naamán fue a ver a Eliseo. «Lávate en el río Jordán siete veces y te sanarás», le dijo Eliseo. A Naamán no le gustó la idea. Lo que Eliseo le mandó a hacer parecía tonto. No obstante, fue al río para lavarse él mismo y a la séptima vez, la lepra desapareció.

Si por una enfermedad terrible te hiciera bien bañarte en el río ¿tú lo harías aunque pareciera tonto?

El hacha que flota

2 Reyes 6:1-7

Algunos hombres estaban construyendo una casa de reunión para Eliseo. Mientras estaban cortando árboles para la casa, un hacha se rompió. La parte de metal cayó en el río y se hundió. El hombre que estaba utilizando el hacha gritó: «¡Era un hacha que yo había pedido prestada!»

Los soldados habían huido dejando toda su comida, su oro y sus ropas. Al principio los hombres comenzaron a esconder el tesoro para ellos mismos, pero luego decidieron compartirlo. Ellos lo contaron a la gente de la ciudad y pronto todos tenían suficiente para comer. Fue exactamente como Eliseo dijo que sería.

Aquellos cuatro hombres no fueron egoístas.
Podían haber guardado todo lo que encontraron
para ellos mismos, pero no lo hicieron.
¿Qué piensas que Dios quería que hicieran ellos?

El niño príncipe

2 Reyes 11:1–12:2

Joás fue un niño príncipe. Su abuela fue
malvada. Ella quiso matarlo para poder
ser reina. La tía de Joás lo escondió en la
casa de Dios hasta que tuvo siete años
de edad.

Entonces los soldados vinieron a la casa de Dios y se lo llevaron. Ellos lo hicieron rey aun cuando era solamente un niñito. Joás gobernó durante cuarenta años en Jerusalén. Él hizo lo que Dios dijo que era correcto.

**Si hoy te hicieran rey,
¿qué harías primero?**

El sol retrocede

2 Reyes 20:1–11; Isaías 38

Ezequías fue un rey bueno. Un día se puso muy enfermo. Él sabía que iba a morir. Él oró y le pidió a Dios que lo dejara vivir un poco más. Entonces, para estar seguro de que Dios lo había escuchado, Ezequías le pidió que el sol retrocediera. Pidió que la sombra que estaba en la parte de abajo de los escalones volviera atrás diez pasos y justo como él lo pidió, la sombra volvió atrás diez pasos. Ezequías vivió quince años más.

Que el sol vuelva atrás sería tan asombroso
como caer hacia arriba en lugar de hacia abajo.
¡Esto fue un milagro!

¡Capturados!

2 Reyes 24:18–25:21; 2 Crónicas 36:15–23

Una y otra vez Dios había advertido a su pueblo que no adorara ídolos pero ellos seguían haciendo justamente lo que Dios les había dicho que no hicieran. Así que finalmente Dios permitió a un enemigo capturar a su pueblo y sacarlos de la tierra que Él les había dado. Los llevaron muy lejos a un lugar llamado Babilonia. Este fue un día triste.

Dios quiere que hagamos lo correcto y Él es muy
paciente, pero si seguimos haciendo lo malo
tendremos que sufrir las consecuencias.

La bella reina Ester

Ester 1–3

Años más tarde, el reino de Persia derrotó a Babilonia. El pueblo de Dios todavía estaba viviendo en la tierra de Babilonia. Una joven llamada Ester era una de ellos.

El rey de Persia quería una mujer hermosa
para que fuera su reina. Él escogió a Ester.
Poco tiempo después uno de los hombres
del rey decidió librarse de todo el pueblo
de Dios en el reino. Como Ester era una
de ellos, esto quería decir que él podría
librarse de ella también.

**Debió haber sido un momento terrible para Ester.
¿Qué crees tú que hizo ella?**

Ester salva a su pueblo

Ester 4–9

Ester sabía que en sus manos estaba salvar a su pueblo. Ella también sabía que si visitaba al rey y él se enojaba, nunca más sería reina. El rey hasta podía mandarla a matar. ¿Qué debía hacer Ester?

Ester de todas maneras decidió visitar al rey. Cuando ella fue, el rey le concedió su deseo de que a su pueblo se le permitiera vivir.

Ester fue muy valiente. Hizo lo que Dios quería que ella hiciera y por ser valiente salvó a su pueblo. ¡Bravo Ester!

Un hombre honesto

Job 1:1–12

Job era un hombre que amaba a Dios. Él tenía una familia grande y era muy rico. Todo lo que él hacía le agradaba a Dios.

Entonces Satanás, el enemigo de Dios y de los hombres, fue a ver a Dios y le dijo: «Tú proteges a Job para que nada le salga mal, por eso él te obedece». «Está bien», le respondió Dios. «Puedes hacerle a Job lo que quieras, menos quitarle la vida».

Satanás es muy real. A Satanás no le gusta Dios ni nosotros tampoco. Sin embargo, Job estaba a punto de darse cuenta de que Dios siempre está con nosotros.

Cuando pasan cosas malas

Job 1:13–2:10

A Job comenzaron a sucederle cosas terribles. Sus hijos murieron. Su casa se cayó. Y se llenó de llagas por todo el cuerpo.

Los ladrones robaron su ganado. Sus amigos le dijeron que se apartara de Dios.

Sin embargo, Job nunca dudó que Dios lo amaba. Job fue fiel a Dios aun en los tiempos difíciles.

Cuando suceden cosas malas, eso no quiere decir que Dios se ha olvidado de nosotros. Él nunca está lejos en los tiempos difíciles. Él quiere que continuemos amándole y obedeciéndole.

Un Tiempo para todo

Eclesiastés 3:1-8

Hay un tiempo para todo lo que ocurre en nuestra vida. Hay tiempo de alegría y tiempo de tristeza.

Hay tiempos en que lloramos y tiempos en que reímos.

Hay tiempos de abrazar y tiempos de no abrazar.

Hay un tiempo para estar en silencio y un tiempo para hablar.

**Un poquito de todo ocurre en nuestra vida.
Lo importante es estar cerca de Dios
todo el tiempo.**

Un mensaje para el rey Acaz

Isaías 7:1–17; 9:2–7

Dios le dijo al profeta Isaías que llevara un mensaje a un rey llamado Acaz. Este era parte de la familia del rey David. Isaías le dijo al rey que un día Dios enviaría un niño que se convertiría en el líder de todo el pueblo de Dios. Él le dijo que esta persona sería el Príncipe de Paz y gobernaría como Rey para siempre.

269

¿De quién estaba hablando Isaías? Nosotros sabemos hoy que él estaba hablando de Jesús, el Hijo de Dios.

Tres hombres valientes

Daniel 3:1-23

¿Recuerdas que al pueblo de Dios lo capturaron y lo llevaron a Babilonia? El rey de aquel país era Nabucodonosor. Tres hombres jóvenes del pueblo, Sadrac, Mesac y Abed-nego, trabajaban para el rey Nabucodonosor.

Sin embargo, cuando el rey quiso que ellos se inclinaran y adoraran un ídolo de oro, ellos no lo hicieron. Así que el rey ordenó a sus soldados que echaran a los tres hombres a un horno de fuego ardiente.

A Dios le agradó que estos tres hombres jóvenes lo amaran tanto que no adoraron el ídolo del rey. ¿Qué piensas que sucedió?

Un hombre más

Daniel 3:24–30

¿Sabes qué? Los hombres en el horno no se quemaron. Dios envió a alguien para protegerlos en el horno. El rey se sorprendió cuando vio cuatro personas caminando dentro del horno y dijo a Sadrac, a Mesac y a Abed-nego que salieran del horno.

Entonces el rey hizo una ley nueva la cual decía que nadie podría decir algo malo acerca del Dios de estos hombres.

No importa lo que nos suceda, Dios ha prometido que estará con nosotros.

La escritura en la pared

Daniel 5:1–26

Daniel era uno de los del pueblo de Dios que era esclavo en Babilonia. Una noche el nuevo rey de Babilonia dio un banquete. De pronto una mano apareció y comenzó a escribir en la pared algo que nadie podía leer. ¡Esto daba miedo!

El rey le pidió a Daniel que viniera y le dijera qué significaba esto. Daniel le dijo que esto quería decir que Dios estaba enojado con el rey y por lo tanto el reino de Babilonia se iba a dividir y se iba a entregar a otros dos países; a los medos y a los persas.

Daniel siempre vivió para Dios sin importarle lo que alguien dijera. Veamos qué le sucedió a él.

Daniel desobedece al rey

Daniel 6:1-10

Daniel oraba tres veces al día. Algunos hombres en el nuevo reino de los medos y los persas quisieron librarse de Daniel. Por esto consiguieron que el nuevo rey hiciera una ley para que la gente sólo pudiera orarle al rey. Si alguno desobedecía la ley, lo lanzarían al foso de los leones.

A pesar de esto, Daniel fue a su casa, se puso de rodillas y oró a Dios como siempre lo había hecho.

Daniel sabía que orar a Dios era más importante que obedecer la ley nueva del rey.

El foso de los leones hambrientos

Daniel 6:11-28

Los hombres hallaron a Daniel orando a Dios y se lo dijeron al rey. El rey se entristeció porque Daniel le caía bien, pero no podía cambiar la ley. Así que lanzaron a Daniel a un foso de leones hambrientos.

¡Pero espera! Dios envió un ángel para cerrar la boca de los leones, así que los leones no pudieron morderlo.

Por la mañana, el rey vino a ver si Dios había salvado a Daniel, y por supuesto, Daniel estaba completamente bien.

Dios salvo a Daniel. ¿Crees que Daniel siguió orando a Dios tres veces al día después que Él lo salvó de los leones?

Jonás se escapa

Jonás 1:1–3

«Ve a Nínive», le dijo Dios a un hombre llamado Jonás. «Diles que dejen de hacer lo malo». Jonás se levantó pero no se fue a Nínive. A él no le gustaba la gente de aquella ciudad, así que escapó.

Jonás fue a la costa y se subió en un barco que iba en dirección opuesta a Nínive. Dios vio lo que estaba haciendo Jonás.

**Dios siempre ve lo que estamos haciendo.
Él quiere que tomemos buenas decisiones.**

¡Una gran tormenta!

Jonás 1:4–6

Jonás se fue en el barco. Cuando el barco estaba en alta mar, Dios envió una gran tormenta. Las olas golpeaban el barco. Los marineros estaban muy asustados por la tormenta.

El capitán fue hasta el piso de abajo del barco y encontró a Jonás durmiendo. «Levántate y ora también a tu Dios», le dijo. «¡Quizá tu Dios nos salve!»

El capitán y todos los demás oraban. Sabían que necesitaban la ayuda de alguien más grande que ellos mismos.

Jonás lanzado por la borda

Jonás 1:7–16

«Alguien ha hecho algo malo y por eso tenemos esta tormenta. Vamos a averiguar quién es», dijeron los marineros. Ellos decidieron que la tormenta era por culpa de Jonás. «Ustedes tienen razón. Yo escapé de Dios», les dijo Jonás. «Láncenme al mar y entonces se calmará».

Entonces los marineros lanzaron a Jonás por la borda. En cuanto Jonás cayó al agua, el mar se calmó.

Pensarás que esto sería el fin para Jonás, ¡pero no lo fue!

¡Dentro de un pez!

Jonás 1:17–2:9

Jonás se hundía y se hundía dentro del agua en remolino y entonces *¡glup!* Algo se tragó a Jonás. Él estaba en el estómago de un gran pez. Dios lo dejó allí para que aprendiera algo muy importante. Demoró tres días y tres noches.

Entonces Jonás oró a Dios pidiendo su ayuda. Jonás decidió hacer lo que Dios le había dicho que hiciera.

A Jonás le llevó tiempo entender
que él necesitaba obedecer a Dios.
¿Cómo iba a salir ahora de aquel pez?

Jonás obedece a Dios

Jonás 2:10–3:10

Dios tenía un plan. Él le habló a aquel pez. El pez nadó hasta la playa y lanzó a Jonás en la tierra firme.

De inmediato Dios le dijo a Jonás: «Levántate y ve a la gran ciudad de Nínive. Diles lo que te he dicho que digas». Esta vez Jonás no discutió. Él obedeció. Se levantó y se fue directo a Nínive.

Cada vez que desobedecemos nos metemos en problemas. ¿Cuál sería la mejor elección?

Nuevo Testamento

El mensaje del ángel

Lucas 1:5-20

Un sacerdote llamado Zacarías fue
a la casa de Dios para quemar una
ofrenda de incienso. En cuanto entró,
el ángel Gabriel se le apareció. Él le
dijo: «Zacarías, tú y Elisabet tu mujer,
tendrán un hijo. Lo llamarán Juan».

292

Zacarías no creyó que era posible para Elisabet y para él tener un hijo. Ellos eran demasiado ancianos. «Zacarías, ya que no me crees, no podrás hablar hasta que el bebé nazca», le dijo Gabriel.

Juan iba a ser una persona muy importante. Él diría a otros que se prepararan porque Jesús estaba por venir.

Un bebé llamado Juan

Lucas 1:57–66

Exactamente como lo dijo el ángel
Gabriel, un bebé les nació a Zacarías y a
su esposa Elisabet.

Sus amigos estaban muy felices. Ellos dijeron: «Llámenlo Zacarías como su padre». Zacarías todavía no podía hablar, así que escribió: «Su nombre es Juan». En cuanto Zacarías escribió el nombre, pudo hablar de nuevo.

La gente no ve ángeles con mucha frecuencia pero cuando lo hacen, necesitan prestar atención. Los ángeles traen mensajes de Dios. ¿De qué otra manera Dios envía mensajes?

La gran sorpresa de María

Lucas 1:26–38

No mucho tiempo después de su visita a Zacarías, el ángel Gabriel fue a ver a una mujer joven llamada María. Ella era prima de Elisabet, la esposa de Zacarías. María vivía en Nazaret y estaba comprometida para casarse con José el carpintero.

«No tengas miedo María», le dijo el ángel. «Dios está complacido contigo. Tú tendrás un bebé y lo llamarás Jesús. Él será llamado el Hijo de Dios». Esto fue una gran sorpresa para María.

¿Qué harías si de pronto un ángel se aparece aquí, frente a ti?

José se casa con María

Mateo 1:18-25

Cuando José escuchó la noticia de que María iba a tener un bebé, él no supo qué pensar. Él todavía no se había casado con ella. Dios amaba a José y quería que él comprendiera que el bebé era de Dios y que todo iba a estar bien.

Por esto, Dios envió un ángel para que
le hablara a José en un sueño. Este
ángel le dijo a José: «Llama Jesús al niño.
Él salvará al pueblo de sus pecados».
Cuando José escuchó el plan de Dios, él
se casó con María.

**El nombre *Jesús* significa «Salvador».
¿Qué hace un salvador?**

El Hijo bebé de Dios

Lucas 2:1–7

El gobernador del lugar, Augusto César, hizo una nueva ley para contar a todas las personas. Todos tenían que apuntarse en su ciudad natal. Así que José y María fueron a su ciudad natal, Belén. La ciudad estaba llena de personas. Para María y José no había lugar donde dormir.

Por fin José encontró un lugar para ellos donde guardaban los animales. Allí nació el Hijo bebé de Dios. Su primera cama fue en la paja, en la caja donde se alimentaban los animales.

¿Por qué crees tú que Dios querría que su hijo naciera donde se guardaban los animales?

Algunos pastores con sueño

Lucas 2:8–12

Aquella noche, afuera en el campo, pastores con sueño estaban cuidando sus ovejas. De pronto apareció un ángel en el cielo. La luz del ángel era tan brillante que les lastimaba sus ojos.

«No tengan miedo», les dijo el ángel. «Yo tengo buenas noticias para ustedes. Esta noche, un bebé nació en la ciudad de Belén. Él es su Salvador. Lo van a encontrar acostado donde se alimenta a los animales».

¿Quiénes fueron los primeros en escuchar acerca del bebé Jesús?

Lo que vieron los pastores

Lucas 2:13–20

Entonces todo el cielo se llenó de tantos ángeles que nadie los podía contar. Ellos cantaron: «¡Gloria a Dios en los cielos!» Cuando terminó la canción, los ángeles desaparecieron.

Los pastores corrieron a Belén. Ellos encontraron a María y a José y vieron al bebé Jesús acostado en la paja de la caja donde se alimentan los animales. Los pastores les contaron a José y a María todo lo que los ángeles habían dicho acerca del niño.

Si hubieras estado allí afuera en las montañas con los pastores, ¿qué habrías estado pensado cuando los ángeles se fueron?

Regalos para el bebé Jesús

Mateo 2:1–12

Muchas de las personas que vinieron a Belén para contarles regresaron pronto a casa. María y José se mudaron a una casa.

Un día recibieron visitantes que vinieron desde muy lejos, del oriente. Estos visitantes eran hombres sabios. Ellos habían seguido una estrella brillante para encontrar al pequeño Jesús. Ellos se inclinaron y adoraron al único Hijo de Dios y le dieron costosos regalos de oro, incienso y mirra.

307

¿Por qué crees que los hombres sabios vinieron a visitar al pequeño Jesús?

Otro viaje

Mateo 2:13-15

Después de que los hombres sabios partieron, Dios envió otro ángel a José en un sueño. El ángel le dijo: «Toma al niño y a María y vayan a Egipto. El rey Herodes quiere matar a Jesús. Quédate en Egipto hasta que te avise que es seguro regresar a casa».

Aún era de noche pero José se levantó de la cama, tomó a María y a Jesús, y se dirigieron a Egipto.

José obedeció a Dios inmediatamente y Dios mantuvo su familia a salvo. ¿Por qué es bueno obedecer rápidamente?

¡Por fin en casa!

Mateo 2:19–23

María, José y Jesús se quedaron en Egipto hasta que Dios envió otro ángel a José en un sueño. El ángel le dijo: «Levántate, toma a María y a Jesús, y regresa a casa». El rey Herodes había muerto. Nunca más podría hacerles daño. Dios y sus ángeles habían mantenido a salvo a José, a María y a Jesús.

Así, con alegría en sus corazones, regresaron a su país para vivir en Nazaret.

¡Uf! Finalmente era seguro regresar a casa.
¿Cómo crees que se sintieron María y José por esto?

¿Dónde está Jesús?

Lucas 2:41–45

Cada año los padres de Jesús iban a
Jerusalén para celebrar la Pascua. Cuando
Jesús tenía doce años ellos fueron,
como de costumbre. Cuando José y María
partieron de regreso a casa no vieron
a Jesús, pero todo estaba bien. Ellos
pensaron que Jesús venía con sus amigos.

Ya tarde en el día se dieron cuenta que Él no estaba con ninguno de sus amigos. María y José se preocuparon y corrieron de regreso a Jerusalén buscándolo por todo el camino. Ellos temían haber perdido a Jesús.

¿En qué lugares María y José debieron haber buscado a Jesús?

Jesús con los maestros del templo

Lucas 2:46–50

María y José encontraron a Jesús en el templo, el lugar donde el pueblo de Dios iba a adorar. El niño de doce años, Jesús, estaba conversando con los maestros como si Él fuera uno de ellos. Él les hacía preguntas y respondía las de ellos.

Su madre tenía una pregunta: «Hijo, ¿por qué te quedaste atrás? Estábamos preocupados por ti». Jesús le respondió: «¡Deberían saber que yo necesito estar donde el trabajo de mi Padre está!»

Para Jesús fue algo extraño decir esto.
¿Qué piensas que Él quiso decir?

El hombre que comió langostas

Mateo 3:1–13; Marcos 1:4–9

Juan, el primo de Jesús, se convirtió en un predicador cuando fue adulto. Él vivía en el desierto, usaba ropas toscas y comía langostas y miel. (Las langostas eran como saltamontes.) Juan les decía a las personas que cambiaran sus corazones y vidas y que pidieran perdón por su maldad porque Jesús pronto vendría.

Un día cuando Jesús era adulto también, Él vino hasta el lugar donde Juan estaba predicando y bautizando personas. Jesús le pidió a Juan que lo bautizara en el río.

¿Crees que cuando Jesús le pidió a Juan que lo bautizara, Juan lo hizo?

Juan bautiza a Jesús

Mateo 3:13–17

Al principio, Juan no quería bautizar a Jesús. Pensaba que Jesús era quien debía bautizarlo a él. Sin embargo, cuando Jesús le dijo que era necesario de esa manera, Juan obedeció, llevó a Jesús adentro del río y lo bautizó.

Cuando Jesús salió del agua, el Espíritu de Dios bajó del cielo hacia Él como una paloma. Dios habló y dijo: «Este es mi Hijo y yo lo amo. Yo estoy muy complacido con Él».

Jesús dejó un buen ejemplo para nosotros al seguir el mandato de Dios para ser bautizado. ¿Tú has sido bautizado?

Satanás tienta a Jesús

Mateo 4:1–4

De inmediato el Espíritu de Dios llevó a Jesús lejos desde el río hacia el desierto. Jesús quería orar y pensar acerca de lo próximo que Dios quería que Él hiciera. Jesús ayunó, esto quiere decir que no comió, así que estaba muy hambriento. Entonces el diablo, Satanás, se le apareció. Satanás sabía que Jesús estaba cansado y hambriento.

«Convierte estas piedras en pan», le
dijo Satanás a Jesús. Jesús sabía que
Satanás estaba tratando de que Él
hiciera algo malo. Jesús había estudiado
la Palabra de Dios y recordaba lo que
había aprendido de las Escrituras. Él le
dijo: «Una persona no vive solamente por
comer pan. Una persona vive por hacer
todo lo que el Señor dice».

Satanás no deja de molestar a la gente sólo con
un intento. Él no había terminado aún con Jesús.
Continúa leyendo para que veas qué pasó después.

En lo alto del templo

Mateo 4:5–7

Satanás llevó a Jesús a Jerusalén y lo paró en la parte más alta del templo. El templo era el lugar donde el pueblo de Dios adoraba. Satanás le dijo: «Si tú eres el Hijo de Dios, salta hacia abajo desde este lugar alto. Está escrito en la Palabra que los ángeles de Dios te agarrarán». No fue algo inteligente esto que Satanás sugirió y Jesús lo sabía. Él le respondió: «También está escrito: "No tientes a Dios"».

Es tonto probar o tentar a Dios. Tentar a Dios quiere decir hacer cosas muy peligrosas que te pueden hacer daño.

Los reinos del mundo

Mateo 4:8–11

El diablo engañador, Satanás, tenía preparado algo más. Llevó a Jesús a una montaña alta y le mostró todos los reinos del mundo. Entonces Satanás le dijo: «Inclínate y dame alabanza y yo te daré todas estas cosas».

Jesús tenía lista una respuesta: «¡Aléjate de mí! En la Escritura dice: "Debes adorar solamente al Señor Dios"». Entonces Satanás se alejó.

Aunque no podemos ver a Satanás, él trata de que hagamos cosas que son malas. ¿Cuáles son algunas de las cosas que Satanás trata que nosotros hagamos?

Jesús sana a un niño enfermo

Juan 4:46–51

Jesús amaba a los niñitos y siempre que tuvo la oportunidad, Él los ayudó. Un día un hombre importante le rogó a Jesús que viniera a su casa y sanara a su hijo enfermo. Pero Jesús no fue. En lugar de eso Él le dijo: «Vete a casa, tu hijo vivirá».

El hombre creyó en Jesús y regresó a su casa, pero antes de llegar allá sus sirvientes lo encontraron y le dijeron: «Tu hijo está bien».

Cuando creemos y confiamos en alguien que va a hacer algo que no podemos ver, eso se llama fe. El hombre de esta historia confió en que Jesús cumpliría su promesa. ¿En quién tú confías?

Jesús resucita a una niña

Marcos 5:22-43

Jesús también ayudó a una pequeña niña. El nombre de su padre era Jairo y él era un hombre importante. «Mi hija pequeña se está muriendo», le dijo Jairo. «Por favor, ven y ora por ella para que se ponga bien y viva». Antes de que Jesús llegara hasta donde ella estaba, la niña murió. Pero de todas maneras Él fue allí. Jesús entro a la habitación de la niña junto con el padre, la madre de ella y tres de sus seguidores. Tomó en sus manos la mano de ella. «Niñita», le dijo Jesús: «¡levántate!» La niña se levantó. Ella estaba bien.

Cuando le pedimos algo a Dios, algunas veces Él dice sí y algunas veces dice no. Lo más importante es que siempre nos escucha.

Un niño pequeño ayuda a Jesús

Juan 6:1–13

Una gran multitud de personas siguió a Jesús para ver sus milagros y escucharlo enseñar acerca del amor de Dios hacia ellos. A veces las personas olvidaban llevar comida para ellos. Un día una multitud grande de cinco mil hombres y sus familias siguió a Jesús. Era tarde en el día cuando llegaron hasta Jesús y la gente empezaba a sentir hambre.

El único que tenía algo de comer era un niño pequeño, tenía cinco panes y dos pescados. Jesús bendijo la comida. Sus seguidores más cercanos y ayudantes la entregaron a las personas. Después que todos tuvieron suficiente para comer, los ayudantes reunieron doce canastas de comida sobrante.

¿Qué tienes que pudieras ofrecer a Jesús?
¿Una ofrenda? ¿Parte de tu tiempo
para ayudar a alguien?

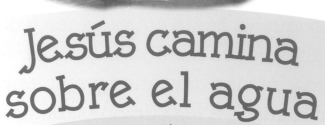

Jesús camina sobre el agua

Marcos 6:45-53

Más tarde, aquel mismo día Jesús les pidió a los seguidores que eran sus ayudantes que fueran a través del lago hacia otra ciudad. Él vendría después de un rato. Los ayudantes subieron a la barca, pero aquella noche en medio del lago, hubo de pronto un viento extraño. Los hombres tuvieron que trabajar muy duro para que no se hundiera la barca.

Entonces vieron algo que los atemorizó más que la tormenta. Pensaron que era un fantasma. No era un fantasma, era Jesús caminando sobre el agua. Jesús les dijo a sus ayudantes: «No tengan miedo». Luego entró en la barca y el viento se calmó.

¿Qué habrías hecho tú si hubieras estado en esa barca?

Jesús ama a los niños

Lucas 18:15–17

Muchas personas querían ver a Jesús. Cuando Jesús vio cuán enfermos y tristes estaban, Él quiso ayudarlos. Un día algunas personas trajeron sus niños a Él. Sus ayudantes trataron de apartarlos de allí. Jesús les dijo: «Dejen que los niños vengan a mí. No los detengan. Ustedes, si quieren entrar al cielo, tienen que amar y aceptar a Dios como lo hace un niño».

**Si tú fueras uno de los niños que se sentaron
junto a Jesús, ¿qué le dirías a Él?**

Un hombre muy pequeño

Lucas 19:1–10

A todo lugar al que Jesús iba, había multitud de personas. En una multitud había un hombre muy pequeño llamado Zaqueo. Él quería ver a Jesús pero no podía mirar por encima de la multitud, así que trepó a un árbol.

Jesús le dijo: «Zaqueo, baja del árbol para que podamos ir a tu casa hoy». Zaqueo se bajó apurado y llevó a Jesús a su casa. Zaqueo quería hacer cosas buenas. Él le dijo a Jesús que daría la mitad de su dinero a los pobres.

¿No sería emocionante que Jesús viniera a visitar tu casa? ¿Qué harías si Jesús viniera a verte?

Una moneda en un pez

Mateo 17:24–27

Pedro, uno de los ayudantes de Jesús, vino a decirle a Jesús que era tiempo de que Él pagara sus impuestos. Pero Jesús y Pedro no tenían dinero. Jesús sabía exactamente qué hacer. Jesús le dijo a Pedro: «Ve al lago y atrapa un pez. Encontrarás una moneda en su boca. Usa esa moneda para pagar nuestros impuestos».

¿No te alegras de que Jesús siempre conozca
qué es lo mejor? Cuéntale tus problemas.

Un hombre ciego ve nuevamente

Marcos 10:46-52

Donde quiera, los enfermos seguían a Jesús. Ellos querían que Él los sanara. Un hombre que era ciego escuchó que Jesús andaba por allí. Él gritó: «¡Jesús, por favor, ayúdame!» La gente le dijo al hombre que se calmara, pero Jesús le preguntó: «¿Qué quieres que haga por ti?»

El hombre le respondió: «Quiero ver de nuevo». Así que Jesús sanó los ojos del hombre. ¡Qué feliz estaba el hombre por ver nuevamente!

¿Conoces a alguien que está enfermo? Tú puedes orar ahora mismo y pedirle a Jesús que lo sane.

Una mujer muy pobre

Marcos 12:41–44

Jesús estaba en el templo, donde el pueblo de Dios adoraba, mirando a la gente poner su dinero en la caja de las ofrendas. Algunas personas ricas estaban muy orgullosas porque ponían mucho dinero.

Entonces vino una mujer muy pobre. Adentro cayeron sus dos pequeñas monedas. ¡Clink! ¡Clink! Jesús les dijo a sus seguidores más cercanos: «Esta mujer dio más que la gente rica con muchas monedas. La gente rica dio solamente lo que no necesitaba, pero esta mujer pobre dio todo el dinero que tenía».

¿Por qué crees que la mujer dio todo el dinero que tenía a Dios?

Jesús detiene una tormenta

Marcos 4:35–41

Jesús y sus seguidores subieron a una barca y partieron a través del lago. Jesús estaba tan cansado que se quedó dormido. Pronto un viento fuerte comenzó a soplar. Las olas daban contra el costado de la barca. Todos estaban muy atemorizados.

Ellos despertaron a Jesús: «¡Ayúdanos o nos hundiremos!» Jesús ordenó al viento y a las olas que se calmaran. El viento paró y no hubo más olas que entraran a la barca. El lago quedó en calma.

Cuando tienes miedo, ¿qué haces? Recuerda que Jesús siempre está contigo. Sólo pídele que te ayude. Él lo hará.

Una oveja perdida

Lucas 15:3–7

Esta es una historia que Jesús contó. A un hombre que tenía cien ovejas se le perdió una. Entonces, ¿qué iba a hacer? Él dejó sus noventa y nueve ovejas a salvo en casa y fue a buscar a la oveja perdida.

346

Él buscó por todas partes y cuando por fin encontró la oveja perdida, se puso muy contento. Puso la oveja en su espalda y la llevó a casa.

¿Qué tan parecido es Jesús a este pastor que buscaba a su oveja perdida? Recuerda que tú eres tan importante para Jesús como esa oveja perdida lo era para el pastor.

El hijo gasta todo su dinero

Lucas 15:11–13

Jesús contó otra historia. Un hombre tenía dos hijos. El hijo más joven le dijo: «Dame mi parte de la propiedad y el dinero». Entonces el padre dividió la propiedad y el dinero entre su hijo menor y su hijo mayor.

El hijo más joven se fue muy lejos, a otro país. Se divirtió mucho gastando completamente su dinero.

¿Crees que el hijo más joven estaba tomando una decisión buena? ¿Cómo crees que se sintió su padre?

El hombre que comió comida de cerdos

Lucas 15:14–19

Después de que se acabó el dinero del hijo más joven, él empezó a tener hambre. Un hombre le dio un trabajo alimentando cerdos. Mientras ese hijo alimentaba los cerdos, tenía tanta hambre que comió la comida de los cerdos.

Después de un tiempo comenzó a darse cuenta de que había sido muy tonto. Se dijo a sí mismo: «Los sirvientes de mi padre tienen comida de sobra. Voy a regresar a casa. Le diré a mi padre que he hecho lo malo. Le preguntaré si puedo al menos ser un sirviente».

¡Qué lío! ¿Cuáles fueron algunas de las decisiones que el hijo tomó que lo llevaron a un chiquero?

De regreso a casa del padre

Luke 15:20-32

El hijo más joven se fue a casa. Estaba preocupado de que su padre no lo quisiera. Sin embargo, su padre lo había estado esperando todos los días durante mucho tiempo.

Cuando vio a su hijo, el padre corrió a encontrarse con él. Lo abrazó y le dio ropas nuevas. Él hizo una fiesta para darle la bienvenida a casa. Le dijo a todos: «¡Mi hijo se había perdido y es hallado!»

El padre de esta historia es como Dios. Dios nos ve tomar malas elecciones y se entristece, pero siempre está esperando que regresemos a Él.

Los mejores amigos de Jesús

Lucas 10:38–42

Un día Jesús fue a visitar a algunos de sus mejores amigos llamados: María, Marta y Lázaro. Marta estaba ocupada en tener la comida lista. María estaba sentada escuchando lo que Jesús hablaba.

Marta se enojó y se quejó: «Jesús, ¿no te importa que María me deje hacer todo este trabajo sola? Dile que me ayude». Jesús le dijo: «Lo que María está aprendiendo de mí nunca se lo podrán quitar».

¿Por qué Marta estaba enojada?
¿Qué le dijo Jesús a ella?

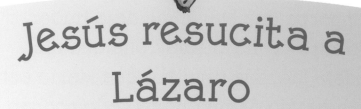

Jesús resucita a Lázaro

Jaun 11:1–44

Un día Lázaro se puso muy enfermo. María y Marta le enviaron un mensaje a Jesús pidiéndole que viniera a sanar a su hermano. Aunque Jesús amaba a sus tres amigos, Él esperó dos días para comenzar el viaje para ir a verlos. Lázaro murió antes de que Jesús llegara.

Marta y María le dijeron: «Si hubieras venido antes, nuestro hermano no habría muerto». Jesús estaba tan triste que lloró. Entonces fue a la tumba de Lázaro. Él dijo: «¡Lázaro, ven fuera!» y Lázaro salió, envuelto en los paños mortuorios. ¡Él estaba vivo y bien!

A veces cuando le pedimos algo a Jesús, tenemos que esperar. En ocasiones durante mucho tiempo.

Un hombre da gracias

Lucas 17:11–19

Diez hombres se encontraron con Jesús mientras Él andaba por un camino. Ellos no se acercaron a Jesús pues tenían una horrible enfermedad de la piel, la lepra. Ellos gritaron: «¡Por favor, ayúdanos!» Jesús les dijo que estaban sanos y los mandó por su camino.

Mientras los hombres iban por su camino, la lepra desapareció. Sólo un hombre regresó. Él se inclinó ante Jesús y le dio las gracias por lo que había hecho.

Debemos recordar darle gracias a Dios por lo que ha hecho por nosotros. ¿Qué ha hecho Dios por ti?

Jesús toma prestado un asno

Lucas 19:28-35

La primera Pascua ocurrió cuando el pueblo de Dios partió de Egipto hace mucho tiempo. Después de eso, el pueblo de Dios celebraba la Pascua cada año. Un año, Jesús y sus seguidores más cercanos fueron a Jerusalén para celebrar la Pascua.

Antes de llegar allá, Jesús les dijo a sus seguidores: «Vayan al pueblo y busquen un asno joven. Desátenlo y tráiganlo para mí. Si alguien pregunta dónde lo tomaron, digan: "El Señor lo necesita"». Cuando los hombres regresaron con el asno, ellos extendieron sus mantos sobre el lomo del asno y Jesús se subió al animalito.

¿Por qué te imaginas que Jesús necesitaba ese asno?

Jesús cabalga como un rey

Lucas 19:36–38; Juan 12:12–16

El asno comenzó su taca, taca, taca, taca por el pueblo. La gente vino corriendo. Ellos lanzaban sus mantos al suelo para que el asno pasara sobre ellos. Tomaban ramas de palmeras y las ondeaban en el aire mientras gritaban: «¡Alaben a Dios!»

Algunos de ellos recordaban las
Escrituras que decían: «Tu rey ya viene...
sentado en un asno joven».

¿Por qué crees que ellos pusieron sus mantos
en el suelo para que el asno caminara encima?
¿Pensaban ellos que Jesús era un rey?

Jesús enseña cómo servir

Juan 13:1–17

Pronto llegó la hora de la cena de la Pascua. Jesús y sus seguidores cercanos se reunieron en una habitación grande. Jesús se puso de pie, se quitó su manto, tomó agua en una vasija y se enrolló una toalla alrededor de su cintura.

Entonces comenzó a lavar los pies de sus seguidores. Jesús hizo esto para enseñar a sus amigos que ellos debían servirse unos a otros.

Jesús estaba sirviendo a sus seguidores para dejar un buen ejemplo. ¿Que podrías hacer tú para servir a tus hermanos, a tus hermanas y a tus padres?

La primera Cena del Señor

Mateo 26:26–29; 1 Corintios 11:23–25

Mientras Jesús y sus seguidores más cercanos estaban comiendo la cena de la Pascua, Jesús tomó un pedazo de pan y dio gracias a Dios por él. Partió el pan y les dijo: «Tomen este pan y cómanlo. Hagan esto para que me recuerden».

Luego, Él tomó una copa y les dijo: «Cuando beban este jugo de la uva, recuérdenme». Jesús sabía que esta era su última comida con sus seguidores porque estaba a punto de que lo asesinaran. Él quería que sus seguidores siempre lo recordaran.

Hoy día en la iglesia, todavía nosotros comemos el pan y bebemos el jugo de la uva para recordar a Jesús. Llamamos a este tiempo de recordación *Comunión* o la *Cena del Señor*.

Jesús ora por ayuda

Mateo 26:36–40; Marcos 14:32–42;
Lucas 22:39–46

Jesús y sus seguidores fueron directo de la cena a un huerto tranquilo. Jesús quería orar y pedirle a Dios que lo hiciera más fuerte para lo que estaba a punto de suceder. Llevó con él a tres de sus seguidores más cercanos, a Pedro, Santiago y Juan. Jesús les pidió que estuvieran alertas y oraran.

Él se alejó un poco más en el huerto para poder orar. Era muy tarde y los tres hombres estaban muy cansados. Ellos no pudieron mantener sus ojos abiertos para orar. Pronto se durmieron. Jesús los despertó dos veces pero cada vez volvieron a dormirse.

Cuando tenemos cosas difíciles ante nosotros, necesitamos orar y pedirle a Dios que nos ayude.

Arrestan a Jesús

Mateo 26:45–56; Lucas 22:45–51; Juan 18:10–11

La tercera vez que Jesús despertó a sus seguidores les dijo: «Tenemos que irnos. Aquí viene el hombre que se ha puesto en mi contra». Justo en ese momento, una gran multitud con antorchas y palos llegó al huerto. Judas, uno de los seguidores de Jesús, estaba con ellos. Él besó a Jesús en la mejilla. Esto era una señal para que los guardias arrestaran a Jesús.

Pedro sacó su espada y cortó la oreja de un guardia. Jesús le dijo a Pedro que guardara su espada. Entonces Él sanó la oreja del guardia.

Pensarás que la multitud dejó ir a Jesús después que sanó la oreja del hombre. Pero no lo hicieron. Lo arrestaron y se lo llevaron.

Pilato interroga a Jesús

Lucas 22:52–23:25

Mucha gente amaba a Jesús pero había muchos a quienes Jesús no les gustaba para nada. Después que capturaron a Jesús en el huerto, lo llevaron a la casa del sacerdote principal, luego a Pilato, el gobernador romano de Judea.

Toda la noche los principales le preguntaron a Jesús si Él era el Hijo de Dios. Ellos no creían que Él lo era. Finalmente Pilato dijo que él no pensaba que Jesús era culpable. Pero la gente que odiaba a Jesús seguía gritando hasta que Pilato decidió que Jesús tenía que morir en la cruz.

Jesús dijo a todos que Él era el Hijo de Dios y esto enojó mucho a algunas personas. Sin embargo, aunque no lo creyeron, Él todavía siguió siendo el Hijo de Dios.

Matan a Jesús en una cruz

Mateo 27:27–40; Marcos 15:25–27

Los soldados de Pilato tomaron a Jesús y le pusieron una corona de espinas en su cabeza y se burlaron de Él. Entonces llevaron a Jesús fuera de la ciudad a un lugar llamado Gólgota para matarlo en una cruz.

A las nueve en punto de la mañana, los soldados clavaron a Jesús en la cruz. Ellos también pusieron a dos ladrones al lado de Jesús, uno a la derecha y otro a la izquierda.

El día que el Hijo de Dios murió en la cruz fue un día triste. Pero Dios tenía un plan maravilloso. Continúa leyendo y verás cuál era ese plan.

Un día oscuro

Mateo 27:45–54; Lucas 23:44–49;
Hebreos 9

Mientras Jesús estaba en la cruz, la tierra se puso oscura desde el mediodía hasta las tres de la tarde. Entonces Jesús murió y hubo un gran terremoto.

Cuando la tierra se estremeció, la cortina gruesa en el templo entre el lugar santo y el lugar santísimo se rasgó de arriba a abajo. Ahora la gente podía ver dentro del lugar santísimo. Antes sólo el sacerdote principal lograba ver adentro. Cuando los soldados cerca de la cruz vieron lo que ocurrió cuando Jesús murió, ellos supieron que ¡Él en realidad era el Hijo de Dios!

Jesús murió porque nos amaba. Él murió para que nuestros pecados pudieran ser perdonados. Vamos a decirle ahora mismo que nosotros lo amamos por lo que Él hizo en la cruz.

Ponen a Jesús en una tumba

Lucas 23:50–56

Un hombre rico llamado José de Arimatea, tenía una tumba nueva donde había planeado que lo enterraran. Él tomó el cuerpo de Jesús de la cruz y lo puso en su propia tumba vacía.

José y los amigos de Jesús envolvieron su cuerpo con cintas de lino y lo colocaron con cuidado en la tumba. Los soldados romanos vinieron a cuidar la tumba. Ellos rodaron una piedra enorme sobre la puerta y la sellaron de manera que se sabría si alguien trataba de mover la piedra.

Todos pensaron que ya que Jesús estaba muerto, ellos no lo verían nunca más. ¡Pero se les acercaba una gran sorpresa!

Una gran sorpresa

Mateo 28:1–10

El día después del entierro de Jesús era día santo, así que sus amigos debían estar en casa. Entonces muy temprano la mañana del domingo, el primer día de la semana, las mujeres regresaron a la tumba. Era el tercer día desde la muerte de Jesús.

Cuando las mujeres llegaron allí, no podían creer lo que veían. ¡La piedra había sido rodada! ¡Y un ángel de Dios estaba sentado sobre la piedra! Los soldados tenían tanto miedo que parecían hombres muertos.

¿Cómo crees tú que se sintieron esas mujeres en la tumba cuando vieron al ángel?

¡Jesús está vivo!

Mateo 28:5–8; Lucas 24:9–12

El ángel les dijo: «No tengan miedo. Jesús está vivo». ¡Aquellas mujeres estaban tan felices! Ellas corrieron para encontrar a otros amigos de Jesús.

Algunos de los amigos de Jesús no creyeron lo que las mujeres decían. Pero todo lo que ellas dijeron era cierto. ¡Jesús estaba vivo! Él se levantó de la muerte.

¿Cuánto tiempo significa para siempre?
Jesús prometió que Él resucitaría y lo hizo.
Jesús está vivo hoy y lo estará para siempre.

Jesús come con dos amigos

Lucas 24:13–32

Dos de los amigos de Jesús andaban por un camino y Jesús se unió a ellos. Estas dos personas no sabían que era Jesús quien estaba caminando con ellos. Sin embargo, les gustó hablar con este hombre.

Ellos lo invitaron a cenar en su casa. Jesús vino y mientras estaba dando gracias a Dios por la comida, los amigos se dieron cuenta de que el hombre era Jesús. Entonces Jesús desapareció.

Después que Jesús resucitó, Él pudo aparecer y desaparecer. ¿Qué harías si de pronto Jesús apareciera aquí?

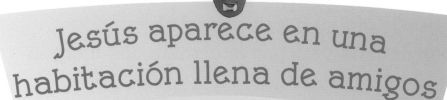

Jesús aparece en una habitación llena de amigos

Lucas 24:33-49

Una noche Jesús apareció en una habitación donde estaban reunidos muchos de sus amigos. Él les dijo que contaran a sus familiares, amigos, vecinos y hasta a extraños que Él está vivo.

Él les dijo que compartieran todo lo que les había enseñado. Ellos fueron primero a contarlo a la gente de Jerusalén y luego a las personas por todas partes. Jesús les dijo que esperaran en Jerusalén hasta que Dios les enviara del cielo un regalo especial de poder.

¿A quién crees tú que le gustaría escuchar acerca del amor de Jesús?

Jesús va al cielo

Lucas 24:50–53; Hechos 1:6–11

Jesús llevó a sus seguidores hasta un camino en las afueras del pueblo. Jesús oró por sus seguidores y mientras Él oraba, comenzó a elevarse al cielo. Entonces una nube lo ocultó de sus seguidores.

Mientras todos estaban allí con la mirada fija en el cielo, dos ángeles aparecieron detrás de ellos y les dijeron: «Jesús ha sido llevado de ustedes al cielo. Él volverá en las nubes, de la misma manera en que se fue».

¿Recuerdas el regalo que Dios iba a enviar?
Sigue leyendo y mira lo que ocurrió.

El Espíritu de Dios viene a ayudar

Hechos 2:1-4

Después que Jesús regresó al cielo, sus amigos y servidores estaban orando juntos en una habitación grande. De repente, algo asombroso sucedió.

Primero se escuchó como si un viento tremendo estuviera soplando. Luego, llamas como de fuego ardían sobre la cabeza de cada persona. Entonces el Espíritu de Dios vino y todos comenzaron a hablar en lenguajes diferentes. Este era el regalo de Dios que Jesús había prometido a sus seguidores.

Los amigos de Jesús estaban felices.
El Espíritu de Dios había venido para
vivir con ellos y para ayudarlos.

Todos escuchan y entienden

Hechos 2:5–42

La noche que el Espíritu de Dios vino a los seguidores de Jesús había personas de muchos países en Jerusalén. Estas personas hablaban lenguajes diferentes.

Cuando ellos escucharon a los amigos de Jesús orar, ellos fueron a ver qué era todo aquel ruido y se encontraron a los amigos de Jesús hablando acerca de las grandes cosas que Dios había hecho.

Pero todos estaban sorprendidos de escuchar esto en su propio lenguaje. Ellos preguntaron: «¿Qué significa esto?»

El Espíritu Santo de Dios todavía ayuda a quienes siguen hoy a Jesús.

Un mendigo en el templo

Hechos 2:43–3:10

Después de aquel día, cuando por primera vez vino el Espíritu Santo, los seguidores de Jesús comenzaron a hacer muchos milagros, les hablaban a las personas acerca del amor de Dios y cómo Jesús había venido a salvarlos. Una tarde Pedro y Juan fueron al templo. Un hombre que no podía caminar estaba sentado allí suplicando por dinero. Pedro lo miró y le dijo: «Yo no tengo dinero pero sí tengo algo más que te puedo dar: Por el poder de Jesucristo de Nazaret, ¡levántate y anda!» El hombre dio un salto. Ahora sus pies y sus tobillos estaban fuertes.